# SEULE DANS LE VENT DES GLACES

LAURENCE DE LA FERRIÈRE
en collaboration avec Françoise de Maulde

# SEULE
# DANS LE VENT
# DES GLACES

ROBERT LAFFONT

ISBN 2-221-09200-7

« Je ne sais boire et jouir sans goûter.
Je ne sais pas voir sans regarder un peu trop,
ni entendre sans écouter,
ni sentir sans me reculer pour mieux sentir. »

Victor Segalen, *Équipée*.

*À Céline et Charlotte avec tendresse,*

*à Éliane Victor avec affection*

*et à Kjell Ove Storvik avec amitié*

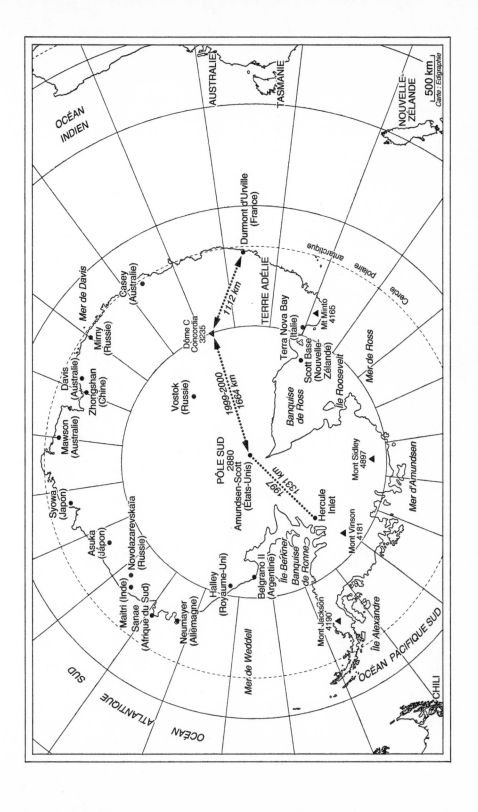

OCÉAN
INDIEN

AUSTRALIE

TASMANIE

NOUVELLE-
ZÉLANDE

500 km

Carte : Edigraphie

Mer de Davis

Casey
(Australie)

Mirny
(Russie)

Davis
(Australie)

Zhongshan
(Chine)

Mawson
(Australie)

Syowa
(Japon)

Asuka
(Japon)

Novolazarevskaïa
(Russie)

Maitri (Inde)
Sanae
(Afrique du Sud)

Neumayer
(Allemagne)

Halley
(Royaume-Uni)

Mer de Weddell

OCÉAN ATLANTIQUE SUD

CHILI

OCÉAN PACIFIQUE SUD

Île Alexandre

Mont Jackson
4190

Mont Vinson
4181

Hercule
Inlet

Belgrano II
(Argentine)

Île Berkner
Banquise
de Ronne

Île Roosevelt

Mer de Ross

Banquise
de Ross

Scott Base
(Nouvelle-
Zélande)

Terra Nova Bay
(Italie)

Mt Minto
4165

Mont Sidley
4897

Mer d'Amundsen

Vostok
(Russie)

Dôme C
Concordia
3235

PÔLE SUD
2880
Amundsen-Scott
(États-Unis)

Durmont d'Urville
(France)

TERRE ADÉLIE

Cercle polaire antarctique

1112 km

1999-2000
1664 km

1997
1331 km

*23 novembre 1999*
*89° 59' 21" S – 114° 49' 45" E*
*1 kilomètre du pôle Sud*
*– 45 °C*

Cette histoire est impossible. C'est un véritable cauchemar. Le traîneau ressemble à un boulet que je m'évertue à faire avancer au milieu des sastrugis, ces vagues de glace qui barrent la route. J'ai peur que ma ténacité ne soit mise en échec. L'Antarctique ne veut pas de moi.

Les gens qui m'entourent applaudissent. Des silhouettes emmitouflées, que je devine à travers mon masque gelé, prennent « la photo historique ». Un sentiment de dérision m'envahit. Il faut que je fuie cet endroit coûte que coûte. Trois mille kilomètres de désert blanc s'étendent à perte de vue. Dans quelques instants, je ferai partie de cet univers...

J'ai quitté ce matin Patriot Hills, sur la côte ouest du continent.

Je me sens prête maintenant. J'ai encore fignolé, juste avant le départ, mes skis, ma tente et mon harnais... Rendre les choses plus faciles à utiliser, plus rationnelles. J'apprends par cœur mon matériel. Je répète mentalement les gestes que je devrai accomplir dès mon arrivée au pôle Sud. Il faudra faire vite, efficace, et fuir cet endroit faussement hospitalier.

Le fantasme et la distance m'empêchent d'imaginer comment cela va se passer. Encore et toujours les mêmes questions, avec les mêmes réponses.

Pour pouvoir atterrir à Amundsen-Scott, au pôle Sud, il était indispensable que la température remonte et que la visibilité soit parfaite tout au long du trajet. Le Cessna est un avion à piston, inadapté aux températures inférieures à – 30 °C. Si, pour une raison ou une autre, il doit se poser au beau milieu de la calotte polaire, le froid et le terrain peuvent l'empêcher de redécoller.

Il nous faut six à sept heures pour atteindre notre but. Avant le départ, le pilote m'a donné une petite boîte ronde, « en cas d'envie pressante ». Je n'imagine pas d'avoir à l'utiliser... De toute façon, c'est impossible. Avec son mètre quatre-vingt-dix et ses cent dix kilos, Art monopolise un siège et demi. Je suis scotchée contre le hublot, le nez au ras des multiples boutons du tableau de bord. Le traîneau m'aplatit le sommet du crâne, et j'ai les pieds posés sur mon réchaud. Je repère les passages de crevasses que j'ai dû affronter il y a trois ans, lors de ma première traversée en solitaire depuis Hercule Inlet jusqu'au pôle Sud. Vues de haut, elles sont encore plus larges que dans mon souvenir. Je suis à la fois impressionnée, effrayée et exaltée par ces retrouvailles avec l'Antarctique.

Le Cessna arrive en vue du pôle Sud, petite libellule orange survolant les gros Hercule stationnés sur la base. Une partie de son hélice explose à l'atterrissage. Le pauvre Art va devoir attendre quelques jours qu'on lui envoie des pièces de rechange du Canada avant de pouvoir redécoller.

Me voici enfin à mon point de départ. Il fait grand beau, ciel bleu, pas de vent, une température de – 45 °C. L'accueil est à la fois chaleureux et respectueux. Les occupants d'Amundsen-Scott semblent admiratifs de ce que j'ai fait et, surtout, de ce que j'ai prévu de faire : fouler une terre que personne n'a jamais foulée, dans l'endroit le plus inhospitalier du monde.

Un local a été chauffé à mon intention, afin que je puisse terminer les préparatifs dans de bonnes conditions. Tout d'abord, je fixe au traîneau les barres en titane qui vont me permettre de le tirer derrière moi. C'est une manipulation longue et difficile. Une fois les barres en place, j'entreprends d'empiler mon matériel. Le niveau monte, à tel point que je pense m'être trompée dans le calcul du poids. En fin de compte, le traîneau pèse plus de 140 kilos.

Une dizaine de personnes m'entourent. Elles veulent tout voir et tout toucher. Au début, leur sollicitude m'amuse, puis elle commence à me peser. J'ai du mal à me concentrer. Avant même d'avoir entamé l'aventure, je suis saturée de présences, de félicitations. J'ai l'impression de ne pas mériter ces attentions... du moins, pas encore ! J'ai besoin de goûter très vite à la solitude qui sera mon quotidien dans les semaines à venir.

Après des mois d'attente, je me retrouve brutalement au début de mon périple. Il n'est pas question que je dorme ici, ni même que je m'attarde une minute de plus. Je n'ai qu'une hâte, me mettre en route. Mais il y a un monde entre le rêve et la réalité. Je chausse les skis. J'essaie d'avancer. Je n'y arrive pas. Une neige crissante et râpeuse comme du sable me cloue au sol. Les gens de la base viennent m'aider à porter le traîneau jusqu'au point zéro de la planète. L'axe de rotation de la Terre est symbolisé par un globe de métal poli dans lequel se reflète l'Antarctique.

L'agence Sygma voudrait annoncer mon départ. Comme je n'ai pas de photographe attitré au pôle Sud, il faut trouver le moyen d'envoyer une image par Internet. Le médecin de la base, qui possède un appareil photo numérique, prend la situation en main.

Une fois le monde entier prévenu, je fais un pas en avant. Puis deux. Puis trois. Je ne m'arrête pas. Je ne me retourne plus. J'avance. Ça monte. Le traîneau ne glisse pas. Je déploie une énergie phénoménale pour faire les premiers mètres.

Mes poumons ne fonctionnent pas à plein régime. Le pôle Sud se trouve à 2 880 mètres d'altitude et les zones qui l'environnent ont des couches atmosphériques nettement inférieures au reste du monde. La pression en oxygène est donc beaucoup plus basse, et je subis des effets correspondant à une altitude de 4 000 mètres. C'est brutal.

Je marche pendant près de deux heures. Au prix d'efforts démesurés, je réussis à parcourir un kilomètre au milieu des sastrugis et des pancartes qui délimitent le camp. Pas à pas, je tente de m'évader.

Les occupants de la base sont restés derrière moi. Ils n'ont pas dépassé les barrières. Dès que je comprends qu'ils n'iront pas plus loin, je m'arrête pour monter la tente, en retrouvant d'instinct tous les gestes que je vais devoir accomplir jour après jour. Ce fragile abri de toile est le seul lieu où je pourrai éprouver un peu de bien-être. Une fois le premier repas ingurgité, installée au fond du sac de couchage, je sais que mon histoire a commencé.

Mais où vais-je ? Ici, il n'y a plus de pancartes, pas de panneaux indicateurs, pas de montagnes, pas de points de repère et, souvent, pas de visibilité. Je sors la carte. Pour redonner une dimension humaine à cet univers démesuré, je l'ai pliée de manière à ne voir que les deux ou trois premiers degrés, le pôle lui-même et la montée vers le plateau. Je préfère ne pas regarder tout de suite les 1 800 kilomètres à parcourir pour parvenir à Dôme C, où je dois m'arrêter pour me ravitailler avant de poursuivre l'expédition jusqu'à Dumont d'Urville.

Je prends le GPS [1], sur lequel j'ai préparé ma route avant de partir, et calcule la position et l'azimut, c'est-à-dire l'angle de marche par rapport au nord, pour atteindre Dôme C. Là, je tombe des nues : la position qu'affiche le GPS ne colle absolument pas avec mes prévisions. Elle indique carrément l'opposé. Je n'imagine pas une seule seconde refaire la distance si péniblement parcourue et repasser devant la base pour partir de l'autre côté !

Je revois mentalement l'arrivée en Cessna, l'emplacement de la piste d'atterrissage : Patriot Hills est bien dans mon dos. J'essaie ensuite de me positionner par rapport au soleil. Je calcule la longitude et m'efforce d'en déduire l'heure locale. Le problème, c'est que je suis trop près du pôle. Comme les méridiens s'y rejoignent, il suffit que je me déplace de quelques mètres pour changer de longitude. Du coup, l'heure locale est impossible à calculer !

Je décide alors d'appeler Kjell, mon radio-opérateur, et de le mettre à contribution.

— Écoute, lui dis-je, débrouille-toi pour trouver mon azimut. Est-ce que c'est 150, 350 ou 25 ?

— Je ne sais pas, répond-il, mais je vais me renseigner. Il y a un spécialiste à d'Urville, il va nous arranger ça.

J'attends, confiante, le verdict du spécialiste. Au bout d'un moment, Kjell me rappelle.

— On ne comprend pas pourquoi le GPS te dit 350°, alors que tu avais calculé 150°... Si on prend ton azimut géographique à l'endroit où tu es, il y a 136° de déclinaison magnétique ouest... Ça devrait faire effectivement quelque chose comme 150°...

Kjell a beau retourner le problème dans tous les sens, impossible de le résoudre. Je décide alors d'appeler un ami belge, Alain Hubert. Nous avons traversé le Groenland

---

1. GPS, global positioning system. Voir annexe, p. 222.

17

ensemble, et il revient d'une expédition en Antarctique. Je me souviens qu'après le pôle Sud lui et son équipe ont eu des difficultés pour déterminer leur direction. Je me dis qu'il peut sans doute me donner des conseils.

Au même moment, je reçois un coup de fil de Catherine, mon attachée de presse.

– Les journalistes m'assaillent de questions, me dit-elle. Est-ce que je peux annoncer ton départ du pôle Sud ?

– Raconte-leur ce que tu veux. Je n'ai vraiment pas la tête à ça. J'ai perdu mon azimut.

Je lui résume la situation et lui demande d'appeler Alain pour lui expliquer ce qui m'arrive. Quelques minutes plus tard, Catherine rappelle :

– Je ne suis pas certaine d'avoir bien compris, mais, selon lui, il faut que tu cherches ton trekking azimut.

– Mon quoi ?

Brusquement, je me dis qu'il doit s'agir du true azimut, qui, en français, n'est autre que l'azimut géographique. Cela ne m'avance à rien. Kjell ne peut pas m'aider, Alain ne peut pas m'aider, personne ne peut m'aider. Je tourne en rond. Je veux bien me battre, mais je veux me battre dans le bon sens !

En désespoir de cause, j'appelle le radio-opérateur de la base de Patriot Hills. Je lui expose le problème.

– Je n'ai aucune réponse concernant le GPS, me déclare-t-il, mais je vais te donner un truc. À 13 h 30, le soleil sera plein sud. Sachant que tu dois aller à 124 °, tu auras ton azimut en te positionnant par rapport au soleil.

Apparemment, je tiens la solution. Quelque peu rassérénée, je m'installe aussi confortablement que possible dans la tente, pour attendre l'heure fatidique. Soudain, j'entends des pas dans la neige. On gratte la toile de la tente. Il ne manquait plus que ça. Je ne sais toujours pas où sont le nord et le sud, et quelqu'un m'a suivie à la trace !

18

Encore un grattement sur la toile, puis une voix :

– *Art here!*

Je m'attendais à tout, sauf à une visite.

– Ça va ? demande le pilote.

– Oui, mais j'ai perdu mon azimut.

– Je peux entrer ?

Il n'a peut-être pas conscience de sa taille et de son poids. Moi, si.

– Écoute, Art, euh... Ce n'est peut-être pas une bonne idée... Tu sais, la tente est toute petite...

– Oui, mais il fait très froid dehors.

Je suis à court d'arguments. D'ailleurs, c'est trop tard. Art est parvenu, je ne sais comment, à se frayer un chemin jusqu'à moi. Il s'affale sur mes genoux. J'essaie, tant bien que mal, de reprendre mon souffle.

– Art, j'ai une question pour toi. Voilà où je veux aller, voilà ce que donne le GPS, voilà la boussole. Est-ce que tu peux, s'il te plaît, m'aider à trouver l'azimut ?

– Je suis juste en train d'étudier les trucs de navigation, répond-il, et j'ai oublié mon bouquin dans l'avion.

Pas de chance. Tant pis. Ou tant mieux, si le livre fait cinq cents pages et qu'il en est seulement au premier chapitre ! Nous passons deux heures à devenir fous à force d'enchaîner les calculs et les hypothèses. À un moment donné, Art me déclare brusquement :

– Laurence, j'ai rencontré un ami qui a envie de venir avec toi.

– Ah bon ? Mais qui ?

Je suis complètement interloquée, mais je me dis qu'au point où j'en suis, ça ne serait peut-être pas une mauvaise idée. En même temps, je me demande d'où sort cet ami, comment je vais le loger, s'il est équipé pour me suivre... Tandis que les questions les plus saugrenues se bousculent dans ma tête, le pilote extirpe de sa poche une peluche en forme de caribou, vêtu d'un petit pull-over en laine sur lequel est brodé « Alaska », le pays d'Art.

— Tiens, fait-il. Tu lui donneras un nom. Quand tu l'auras trouvé, appelle-moi.

Ce cadeau me réchauffe le cœur. D'un seul coup, je me sens beaucoup mieux. Le pilote me fait un grand sourire.

— Je reviendrai te voir demain, si tu es toujours là, dit-il.

Il part en marche arrière, avec force contorsions. Cette fois-ci, la tente ne va pas résister ! Je guette le bruit de la toile qui se déchire, qui s'envole, mais Art s'en va sans emporter mon toit. Et comme un miracle n'arrive jamais seul, dans les heures qui suivent, je trouve mon azimut.

*24 novembre 1999*
*89° 58' 21" S – 113° 02' 32" E*
*1,9 kilomètre du pôle Sud*
*– 45 °C*

Ma première nuit au pôle est une nuit d'insomnie.

Du fait de l'altitude, j'ai l'impression d'avoir perdu ma capacité à réfléchir. Je me tourne et me retourne dans le sac de couchage, remuant dans le désordre une foule de pensées et de souvenirs.

J'ai atterri à Punta Arenas à la mi-octobre, en compagnie d'un réalisateur, Jean-Gabriel Leynaud, qui va filmer les derniers préparatifs et mon départ. L'Hercule doit théoriquement décoller pour l'Antarctique la semaine suivante. Je sais pertinemment qu'il risque d'y avoir un délai d'attente, mais j'espère qu'il sera moins long que lors de ma première expédition.

Je suis heureuse de me retrouver enfin à l'extrême sud du Chili, dans cette petite ville qui m'est familière. J'y ai passé trois semaines en 1996, avant de rallier Patriot Hills. C'est là que j'ai rencontré Borge Ousland et Marek Kaminski, ainsi que Kjell, qui faisait partie de l'équipe de Borge.

Dans le monde polaire, Borge et Marek sont des références. Je me sens toute petite face à eux. Pourtant, ils m'acceptent immédiatement. Mon expérience en tant qu'alpiniste force leur respect. Borge est norvégien, Marek polonais, mais nous parlons la même langue, nous nous comprenons au-delà des mots. Une sorte de communion de pensée s'établit entre nous trois, fondée sur l'amour du même monde, le partage des mêmes idéaux. Notre échange sera d'une grande richesse.

Kjell ne nous quitte pas d'une semelle. Il ne partira pas, mais restera à Patriot Hills, comme photographe et radio-opérateur. Je suis tellement fascinée par Borge et Marek que je ne prête aucune attention à ce petit lutin roux aux yeux clairs qui s'efforce, par tous les moyens, de capter mon attention. Un jour, par hasard, nous dînons en tête à tête et je découvre à quel point Kjell est charmant, généreux, drôle, plein de finesse. Il s'envole pour Patriot Hills en même temps que Borge et Marek, participe à leurs derniers préparatifs, photographie leur départ. Quand j'arrive une semaine plus tard, en novembre 1996, il m'aide à bricoler le mieux possible le traîneau et la tente. Honnêtement, je dois reconnaître que je ne suis pas très bien préparée. Je me sens un peu débutante. Kjell consacre tout son temps et toute son énergie à faire en sorte que je parte dans les meilleures conditions possible.

L'histoire se poursuit après mon départ de la côte, lorsqu'il décide de devenir mon radio-opérateur. Officiellement, j'en ai un autre, un Américain que je n'ai jamais rencontré auparavant. Pas de téléphone pour cette première expédition en Antarctique, mais une radio lourde, compliquée à utiliser, me contraignant à installer une antenne de 17 mètres. Une seule communication est prévue par semaine. Au début, l'Américain me passe Kjell, qui se trouve à côté de lui dans la salle de radio. Puis Kjell prend en main les communications et m'appelle directement. Il n'est pas sur le terrain, et pourtant partage intensément ce que nous vivons, Borge et moi, chacun sur un itinéraire différent. Il nous apporte ce dont nous avons besoin. Au son de nos voix, il comprend ce que nous éprouvons. Sa disponibilité, sa générosité me touchent. Alors que nous retirons une certaine gloire de nos aventures, lui reste le plus souvent dans l'ombre. Il devient, à distance, mon confident polaire, un être essentiel avec lequel j'ai une formidable complicité.

Lorsque je boucle cette première traversée, nous nous promettons de refaire quelque chose ensemble mais en le construisant, cette fois, dès le départ, à la fois pour que l'expédition soit mieux préparée et pour que, sur le terrain, le contenu de notre échange soit encore plus riche.

Au fil des trois années qui suivent, nous nous entraînons ensemble, nous travaillons ensemble sur le matériel, assumant côte à côte des périodes de découragement et des moments de bonheur. Il m'arrive plusieurs fois de l'envoyer promener. Je n'ai pas forcément un caractère facile... À chaque explosion, il sait revenir et construire la suite de l'histoire. Il me stimule malgré mes réticences et perce le mur de silence que je lui oppose parfois. Il s'investit à un moment où, faute de sponsors, je ne suis pas du tout sûre de pouvoir réaliser mon rêve. Rien ne le décourage jamais de foncer avec moi.

Lorsque je débarque pour la seconde fois à Punta Arenas, il y a six semaines, je me sens un peu seule. Kjell est déjà en route pour Dumont d'Urville. Je ne connais pas encore bien Jean-Gabriel. Nous avons passé du temps ensemble en France, il a filmé les préparatifs de l'expédition, l'entraînement, la vie de famille à Chamonix, mais il est étranger au monde polaire. J'aurais aimé retrouver Borge, Marek et Kjell, qui en font partie, qui ont partagé mes exaltations et mes doutes.

La première semaine passe à toute vitesse. Non seulement je sais que je dois attendre, mais j'ai besoin de temps pour travailler sur le matériel, pour fignoler les derniers détails, chose impossible dans le stress qui a précédé le départ de France. Jean-Gabriel me prête main-forte. Il se révèle de très bon conseil dans de multiples domaines.

Comme je suis loin d'être une surdouée de la technique, j'apprends beaucoup auprès de lui. Il m'aide dans la préparation du téléphone, des batteries, de la caméra, de mon appareil photo... Nous nous efforçons d'améliorer leur utilisation avec des moufles, dans le vent, et de renforcer leur protection. Nous travaillons du matin au soir.

Entre deux essais de matériel, nous passons le plus clair de notre temps à table. Il faut en effet que je grossisse autant que possible. J'étais censée prendre cinq à dix kilos avant de partir, ce qui n'a pas été le cas. Nous faisons au moins trois repas par jour, sinon quatre, de quatre mille calories chacun. Cela signifie qu'au cours du petit déjeuner, qui dure près de deux heures, nous ingurgitons cent grammes de beurre, un pot de confiture entier, des gâteaux, du café, des œufs frits... Jean-Gabriel participe pleinement aux agapes. Il bâfre sans sourciller, sachant bien que je ne pourrais pas avaler tout ce que j'avale en face de quelqu'un qui se contenterait d'un café. Heureusement pour lui, il est mince comme un fil. Après le petit déjeuner et une séance de bricolage, nous attaquons le déjeuner, orgies de frites, viande grasse arrosée de crème, entremets, pâtisseries. Le soir, rebelote. Inutile de dire qu'à ce régime je réussis enfin à prendre quelques kilos supplémentaires !

L'hôtel abrite d'autres candidats au départ pour l'Antarctique, immobilisés comme nous par le mauvais temps. Parmi eux, un tandem d'Australiens. L'un est une « brute » de deux mètres de haut qui émerge, hirsute, à l'heure des repas, l'autre, un petit personnage fluet. Jean-

Gabriel et moi ne pouvons nous retenir de rire devant ces Laurel et Hardy. Nous imaginons le petit gambadant en tête sur la calotte glaciaire, tandis que l'autre le suit gaillardement en traînant les 250 kilos de matériel...

Nous rencontrons aussi les membres de la première expédition commerciale britannique, codirigée par un Russe et par l'Anglais Geoff Somers. Somers, qui a fait partie de l'expédition internationale de Jean-Louis Étienne, est une figure. Solitaire, taciturne, les yeux bleus glacés, le regard impressionnant, il semble un peu inaccessible, mais son rayonnement ne laisse pas indifférent.

Dans les rues de Punta Arenas, nous croisons à plusieurs reprises un quatuor de Singapouriens. S'il n'est pas rare de voir des Norvégiens, des Polonais ou des Anglais se lancer dans l'aventure, c'est la première fois qu'une équipe d'Extrême-Orient va tenter d'atteindre le pôle Sud.

Comme moi, ils attendent avec impatience le départ pour Patriot Hills.

Mais le temps passe, et nous sommes toujours en stand-by. Au fil de la deuxième semaine, nous faisons plusieurs faux départs. À n'importe quelle heure du jour et de la nuit, le vol est annoncé. Nous filons à l'aéroport et, là, nous apprenons que la météo ne permet plus à l'Hercule de décoller... ou d'atterrir ! Il ne nous reste qu'à rentrer à l'hôtel, en attendant la prochaine fois.

Une dizaine de jours après l'arrivée au Chili, Adventure Network me demande de tester le fonctionnement de la balise Argos [1]. Cet organisme privé, dirigé par une Anglaise, est pratiquement le seul habilité à planifier des transports touristiques ou à caractère privé au sein du continent antarctique. Il achemine, accueille et protège ceux qui veulent observer les pingouins ou poser un pied

---

1. Voir annexe p. 221.

au pôle Sud. Mais Adventure Network s'occupe aussi de la logistique des expéditions, et doit assurer ma sécurité jusqu'à Dôme C. Par conséquent, il lui faut impérativement connaître ma position jour après jour. En cas de problème, il devra organiser les secours.

Je m'installe dans la chambre d'hôtel, déclenche la balise et appelle Argos à Toulouse. Le décalage horaire fait que je n'arrive pas à joindre la bonne personne, et je comprends rapidement que la balise n'émet aucun signal. Pensant qu'à l'extérieur la transmission sera certainement meilleure, je refais une tentative dans un jardin. Sans résultat. Un peu énervée, je rappelle Toulouse. On me demande où je suis.

– Cela paraît incroyable que la balise ne fonctionne pas, me dit-on. Essayez encore. N'ouvrez pas le boîtier, ce n'est pas nécessaire.

Le nouvel essai ne donne rien.

– Si elle ne fonctionne vraiment pas, il va falloir qu'on vous envoie quelqu'un à Punta Arenas avec une balise de rechange, mais cela prendra du temps.

Je commence à paniquer. Adventure Network ne me laissera jamais partir sans balise. L'expédition est foutue.

Jean-Gabriel, qui a quelques idées géniales, me dit alors :

– Pourquoi ne pas ouvrir le boîtier, au point où nous en sommes ?

Nous retirons les vis, qui n'étaient pas serrées à fond, et découvrons que la batterie n'a pas été connectée. Je suis furieuse d'avoir eu à subir un stress inutile. Lorsque je raconte à Kjell ce qui s'est passé, il relativise le problème.

– S'ils n'avaient pas fait la connexion, c'est sûrement pour que la batterie ne s'use pas trop vite, m'explique-t-il.

– Sans doute, mais ils auraient pu prévenir !

Plus les jours passent, plus je suis tendue. Je me rends compte, tout d'un coup, que ma vie va dépendre de minuscules détails dont jusqu'à présent je ne pouvais pas mesurer l'importance.

Dans l'attente du départ, tout le matériel est stocké dans le traîneau et le traîneau placé dans l'avion. Faute de pouvoir continuer à bricoler, nous louons des vélos. Cela fait des jours et des jours que je ne me suis pas entraînée. Même si je n'ai pas pu perdre en un mois mes capacités physiques, je traverse des périodes de doute. Et si je n'étais plus au meilleur de ma forme ? Et si je n'avais plus la force nécessaire pour endurer ce qui m'attend ?

Heureusement, Jean-Gabriel m'aide à lutter. Il joue, d'une certaine manière, le rôle que jouait Kjell il y a trois ans. Il m'épaule et me sécurise. Si notre entente n'avait pas été parfaite, j'aurais pris mes distances et me serais murée en moi-même pour garder ma concentration.

Avant de m'envoler pour l'Antarctique, je m'arrête une dernière fois devant la grande statue de Magellan, au centre de la ville. La coutume veut que l'on embrasse son pied pour être sûr de revenir à Punta Arenas. C'est ce que j'avais fait en 1996. Je me souviens que Marek et Borge m'avaient accompagnée et photographiée, tout en gardant leurs distances. Ils tentaient une traversée intégrale de l'Antarctique, et, s'ils revenaient au Chili, cela signifierait qu'ils avaient échoué.

C'est à mon tour de ne pas m'approcher. Je contemple le pied lustré par les baisers des voyageurs du monde entier, et me dis : « Ne le touche pas, tu ne repasseras pas par ici. »

Le billet d'avion est un autre témoin de ce que j'entreprends. Entre les deux trajets, Paris-Santiago-Punta Arenas et Hobart-Melbourne-Singapour-Paris, il y a un désert glacé, vingt-huit fois grand comme la France. C'est complètement surréaliste.

Lorsque je parviendrai à Dumont d'Urville, la boucle sera bouclée. Mises bout à bout, mes deux expéditions représentent la traversée du continent antarctique dans son intégralité, par un itinéraire totalement inédit.

Un représentant d'Adventure Network à Punta Arenas voudrait bien que je lui confie mon billet, « au cas où »...

– Il n'y a aucune raison, lui dis-je. J'en aurai besoin dans trois mois.

– Oui, mais d'ici là...

– C'est tout ce que j'ai. Je préfère l'emporter avec moi.

Nous sommes au Chili depuis trois semaines lorsqu'une fenêtre météo s'ouvre enfin. Les faux départs ont été si nombreux qu'au moment de partir pour de vrai je n'éprouve plus d'émotion. Jean-Gabriel et moi courons nous installer dans le vieil Hercule. À bord, il y a un mélange innommable de matériel et de personnes. Les toilettes sont suspendues au beau milieu de la cabine. On se croirait au temps de l'Aéropostale.

Après sept heures de vol, nous atterrissons à Patriot Hills. La base, gérée par Adventure Network, héberge une vingtaine de permanents, du cuistot au radio-opérateur, en passant par le chef de camp. Tandis que Jean-Gabriel emménage dans la tente prévue pour lui, je monte la mienne.

– Pourvu qu'on ait quelques jours pour faire des images ! me dit-il.

« Pourvu que j'aie quelques jours pour m'acclimater et essayer le matériel ! » me dis-je.

Au sein des équipes qui se préparent à partir en expédition, je retrouve des gens que j'ai connus en 1996. Les relations sont simples et généreuses. Les barrières de langue ou de pays, les rivalités n'existent pas. Il y a parfois l'envie d'être le premier ou la première, mais, dès que quelqu'un a besoin d'un conseil, un autre se précipite pour le lui donner, sans aucune restriction.

À peine arrivée, je m'organise avec le radio-opérateur d'Adventure Network. Je serai en contact avec lui une fois par semaine jusqu'à Dôme C. Nous nous mettons d'accord sur les périodes de transmission des messages Argos et sur les communications téléphoniques. Je lui redonne mon itinéraire, avec les points essentiels qui me servent de repères. Nous discutons des différents cas de figure dans lesquels il faudra, en coordination avec Kjell, déclencher les secours. Le contrat d'assistance que j'ai conclu avec Adventure Network, pour la somme de 300 dollars par jour, prévoit un stand-by vingt-quatre heures sur vingt-quatre. De plus, j'ai souscrit une assurance. Au cas où un ou plusieurs avions devraient tenter de me récupérer sur la calotte glaciaire, les frais de l'opération seraient couverts à hauteur de 350 000 dollars.

Même s'il ne fait pas très froid à Patriot Hills, entre − 15 ° et − 20 °, le vent balaie constamment la côte. Je m'entraîne deux heures par jour à tracter le traîneau, quel que soit le temps. Jean-Gabriel filme sans relâche, courageusement, les mains enfouies dans les tréfonds du sac de survie conçu spécialement pour protéger son matériel.

Je suis munie d'un panneau solaire et de batteries rechargeables, qui sont censés me permettre d'utiliser téléphone et caméra. Le téléphone, un Iridium, ne pose pas de problème, parce qu'il consomme peu.

En revanche, la caméra, protégée et dotée d'un système de chauffage afin de résister au froid extrême, nécessite beaucoup d'énergie. Pour l'alimenter, il faut que je prenne suffisamment de batteries pour deux mois, ou bien que je me serve du panneau solaire. J'essaie le panneau et découvre rapidement qu'il fonctionne mal. J'envisage de le laisser sur le traîneau. Or le câble n'est pas en silicone. Par − 40°, il va devenir dur comme du verre, et risquera de se briser. Je songe à le monter à l'extérieur de la tente. Mais, comme le soleil effectue une rotation de 360° en vingt-quatre heures au-dessus de moi, il faudrait que je me lève toutes les heures pour le repositionner. Cela paraît irréalisable.

J'expose le problème à Jean-Gabriel. Il me dit qu'il a des batteries au lithium de réserve, du type de celles que j'ai déjà utilisées auparavant. De plus, elles sont adaptées avec une prise allume-cigare, dont j'ai équipé la caméra et le téléphone. Même si elles sont plus lourdes que le panneau solaire et ont une durée de vie limitée, je suis très tentée de m'en servir.

J'appelle Kjell, et nous pesons longuement le pour et le contre.

— Borge s'est servi de batteries au lithium, explique-t-il, et ça a bien fonctionné.

— Tu sais combien il en avait?

— Non, mais je vais le lui demander.

— Tu ne crois pas qu'elles risquent de s'user trop vite?

— Si tu les gardes dans ton sac de couchage, elles devraient se décharger moins facilement et durer plus longtemps.

Je ne m'imagine pas privée de téléphone et de caméra au beau milieu de la traversée. Malgré tout, je me laisse convaincre par le lithium. Je ne suis pas certaine de mon choix, d'autant que les connexions ont été refaites et sont fragiles. Jean-Gabriel m'apprend à manipuler les batteries, à rebrancher les fils. Je me sens plus confiante.

Je récupère aussi les bouteilles d'essence, qui, pour des raisons de sécurité, ont été acheminées directement à Patriot Hills. J'ai soixante jours d'autonomie. Il me faut un litre de carburant pour cinq jours. La contenance des bouteilles étant d'un litre et demi, je dois en emporter une douzaine. Je les protège tant bien que mal en collant sur leur fond un morceau de matelas-mousse et en scotchant les bouchons. Je les place au milieu du traîneau, afin qu'elles ne se cognent pas les unes contre les autres ou contre les piolets quand je naviguerai au milieu des sastrugis. Entre elles, pour les tenir droites, j'intercale des rations de nourriture lyophilisée.

Si je me préoccupe des batteries et du carburant, je suis littéralement obnubilée par la tente. C'est un prototype sur lequel j'ai beaucoup réfléchi, le seul endroit où je pense être en sécurité. Je ne sais toujours pas si elle va résister au vent et au froid, si elle va être trop grande, trop petite ou à la bonne taille, si je vais pouvoir la monter rapidement, l'amarrer correctement, la protéger comme il faut.

Quelques jours après notre arrivée, une tempête s'abat sur Patriot Hills.

Le vent ronronne, ronfle, hurle. J'avais oublié... Ma tente « imaginée » me semble trop petite. J'ai peur que la fermeture Éclair ne casse. Je vois l'Antarctique en noir, et Kjell me manque. Je rêve que je dois retourner à Chamonix pour chercher une autre tente. Alors que je prends ma fille Charlotte dans mes bras, je me rends compte qu'elle ne veut pas trop exprimer sa joie, parce qu'elle sait que je vais repartir. Je sens son petit corps rond frémir tout contre moi. Mon cœur se serre, mais je sais que Céline et elle sont bien à la maison. Nous nous sommes mises d'accord pour un coup de téléphone chaque dimanche.

Lors de la dernière communication, Céline, l'aînée, m'a dit :

– Dépêche-toi, maman, utilise ta voile pour aller plus vite !

Je rentre dans ma carapace pour ne pas céder à l'émotion, mais c'est dur.

Si seulement les conditions permettaient au Cessna de décoller ! Je pourrais enfin commencer cette putain de traversée dont j'ai tellement parlé... avant.

Au début, j'étais obsédée par le problème du poids, après, c'était celui du froid, et maintenant j'ai peur de la tempête. Quel magnifique courage !

Le vent hurle toujours, la neige s'infiltre partout, cruellement. Je finis par démonter la tente avant qu'elle ne soit définitivement enfouie sous la neige... et moi avec. Flagellée par le vent, j'essaie tant bien que mal le refuge que l'on m'a alloué pour sauver mes nuits d'attente à Patriot Hills.

Jean-Gabriel filme quand il faut, et sa compagnie, curieux mélange de cabotinage et de professionnalisme, est vraiment agréable.

Kjell me raconte au téléphone que l'équipe de l'Institut polaire met à sa disposition toutes les facilités dont il peut avoir besoin. Cela me remonte le moral de sentir leur attention. Lorsque j'imagine le moment où je serai larguée au pôle Sud, toute seule, et que j'entends le vent hurler dehors... j'en ai froid dans le dos.

La tempête secoue la tente. Elle est vraiment trop petite et, surtout, elle ferme mal. Le passage du rêve à la réalité est brutal. En la concevant, j'ai pris des responsabilités dans le choix du tissu, la structure des arceaux, les dimensions, la forme. C'est moi qui l'ai voulue en deux parties distinctes, une tente intérieure et une tente extérieure, qui se prolonge par une abside dans laquelle je ferai la cuisine.

L'ouverture au bout de cette abside pose problème. Ce n'est pas entièrement ma faute. À l'évidence, une petite erreur de fabrication a été commise. Les renforts sont cousus trop près, si bien que le curseur ne peut pas descendre assez bas.

Je m'ingénie à trouver une solution. Je découpe les renforts. Le curseur glisse mieux, mais le tissu commence à s'effilocher. J'ajoute de la colle pour assurer l'ensemble.

La Network me prête une grande tente, pour que je puisse démonter la mienne méticuleusement, à l'abri. Avant de me mettre au travail, je consulte Kjell. Il avait un peu pris ombrage de ma complicité avec Jean-Gabriel pendant notre séjour à Punta Arenas. À partir du moment où je suis arrivée en Antarctique, il a retrouvé son rôle de premier conseiller, et sa raison d'être.

— La meilleure chose à faire, me dit-il, c'est de revenir à une ancienne méthode. Couds une espèce de tunnel, qui ferme par un cordonnet. Non seulement c'est hermétique, mais ça ne peut pas lâcher.

Ce système, qu'utilisent encore les Eskimos, n'est pas très pratique. Il oblige à des reptations acrobatiques pour se glisser dans la tente. Malgré tout, Kjell a raison : c'est beaucoup plus sûr.

— Surtout, poursuit-il, ne touche pas ta tente maintenant. Si nécessaire, tu pourras toujours coudre le tunnel autour de la fermeture Éclair défectueuse et découper l'ouverture au dernier moment.

Tous les occupants de Patriot Hills prennent l'affaire en main. Il me donnent un grand morceau de tissu rouge. Nous entrons dans un immense hangar, construit sous la glace, dont l'éclairage ressemble à une guirlande de Noël. Ils y retrouvent une machine à coudre archaïque, qui pèse trois tonnes et fonctionne avec une pédale. Le temps de la remettre en état, je termine les coutures à la main.

Les jours passent et la météo ne nous permet toujours pas de partir pour le pôle Sud. J'en profite pour tester les voiles [1] autour de la base. Les vents, qui ne soufflent pas dans le bon sens, m'interdisent de m'éloigner. Au fil des essais, j'envisage de laisser la 24 m$^2$. Le traîneau est trop lourd, et puis j'en ai deux autres. Instinctivement, au dernier moment, je décide de l'emporter quand même.

Curieusement, si les voiles me préoccupent, elles ne m'obsèdent pas comme le reste. Elles fonctionnent apparemment assez bien. Il y a certainement des améliorations à trouver, mais lesquelles ? J'attendrai d'être sur le terrain.

Cela fait plus de quinze jours que nous sommes à Patriot Hills. La tempête n'en finit pas et nous oblige à nous rapprocher les uns des autres... Dans quelques jours, je serai seule. Madonna chante dans un mauvais transistor. L'équipe française de rugby a perdu en finale de la Coupe du monde contre les Australiens. Jane, la cuisinière de la base, me remercie d'avoir préparé une fondue. Un petit moment savoyard apprécié de tous dans notre mini-communauté antarctique.

Je continue à passer en revue chacun des vêtements, me disant que je pourrais peut-être ajouter du velcro ici ou là, découper une marque inutile, changer une fermeture Éclair. J'examine les deux paires de skis dix fois de suite. Salomon, le fabricant des fixations, les a testées par

---

1. Voir annexe p. 224.

– 30 °. Nous avons imaginé tout ce qui pouvait casser, et j'ai ce qu'il faut pour effectuer les réparations. Par – 20 °, les amortisseurs que j'ai voulus souples s'abîment assez rapidement. J'ai beau savoir qu'à – 40 ° ils vont durcir, je ne peux m'empêcher de me demander si j'ai opté pour la bonne densité.

Quelle heure choisir ? Il me semble que le plus facile est d'utiliser celle de Dumont d'Urville. En même temps, je devrai appeler Patriot Hills une ou deux fois par semaine pour donner ma position, et cette base a adopté l'heure de Punta Arenas. Il y a aussi les contacts hebdomadaires avec mes filles, et les interviews en direct sur France-Inter, à l'heure française. Cela fait en tout quatre heures différentes à gérer. Je me fais un tableau pour tenter de m'y retrouver et décide, en fin de compte, de me caler sur l'heure de Dumont d'Urville. Cela sim-plifiera mes contacts avec Kjell et, donc, avec le reste du monde.

– Même si tu prends du retard, tu ne peux rien y changer, me répète-t-il. Cesse de t'en préoccuper et tâche de te concentrer.

Le fait de pouvoir discuter avec lui et de le sentir confiant me permet d'économiser mes forces psychiques. Au lieu de penser aux 3 000 kilomètres que j'ai à faire et aux jours qui passent, je fais en sorte d'optimiser le temps dont je dispose. J'essaie de concevoir un moyen de respirer par – 40 °. L'humidité du souffle est un vrai casse-tête par des froids extrêmes. Elle doit impérative-ment s'échapper à l'extérieur. On ne peut pas inspirer l'air directement, sinon, ce sont la langue et les dents qui gèlent.

Je consacre au moins trois heures à fabriquer une sorte de bec triangulaire en alvéolite. Mon masque de ski se prolonge par une fourrure polaire. Le tissu descend et recouvre le nez et la bouche comme le voile d'une femme afghane. Je trouve un système pour coudre le bec au beau milieu. Affublée de cet accoutrement, je ressemble à un cousin mutant de Donald Duck. Tous les occupants de Patriot Hills sont hilares, notamment Jean-Gabriel, qui me surnomme « le canard polaire ».

... À ce souvenir, je ne peux me retenir de rire. Cela me semble à la fois très lointain et très proche. Hier, j'ai laissé le pôle Sud derrière moi. La nuit a été courte. La journée sera longue. Il est temps que je me lève, que je replie la tente, que je me jette à nouveau dans la gueule du loup.

*26 novembre 1999*
*89° 53' 53" S – 114° 47' 51" E*
*10,9 kilomètres du pôle Sud*
*– 45 °C*

L'horreur a-t-elle un nom ?

Les patins du traîneau laissent une marque profonde dans la neige collante et molle. Le poids de mon chargement est tel que j'avance presque à quatre pattes, au prix d'efforts terriblement violents. La ceinture du harnais me cisaille l'estomac. J'ai mal au cœur, et mes larmes gèlent sous le masque. Mon souffle, rendu haletant par l'altitude, se fige tout autour de la capuche en une délicate dentelle de glace ajourée qui a pour seul mérite d'embellir mon anorak. Je me sens en danger de mort, lyophilisée par le froid. Je déteste être ici.

Les conditions sont bien différentes de celles que j'attendais. Record de froid cette année, et vents contraires. Je ne peux décidément pas utiliser les voiles.

Cela fait moins de soixante-douze heures que j'ai quitté le pôle Sud. Il faudra quelques jours pour que je trouve mes marques. Pour l'instant, ce qui compte, c'est de mettre un pied devant l'autre. Curieusement, je suis en même temps envahie par une émotion qui me donne la certitude d'être à ma place ici.

Ce matin, le réveil a sonné à 5 heures. Je n'ai pas très faim, et le petit déjeuner, composé de muesli enrichi en graisse, est rapidement expédié. J'enfile une combinaison en goretex et, par-dessus, une doudoune que je retirerai dès que j'aurai commencé à me réchauffer. Mes gestes sont désordonnés. J'entasse les affaires dans des sacs, mélangeant vivres et vêtements. Une fois attelée au traîneau, je tente de chausser les skis pour protéger mes pieds du froid, mais impossible d'avancer. La traction que je dois exercer est énorme, et les peaux de phoque fixées sous les spatules trop petites. Alors je repars à pied, les chevilles dans la neige. Je n'arrive pas à trouver un rythme qui me permette de progresser sans transpirer. L'intérieur de ma combinaison se couvre de givre qui fond à la chaleur du corps, puis regèle encore plus près de la peau. Cercle infernal.

Les voiles posées sur le traîneau sont prêtes à être utilisées. On ne sait jamais... J'ai hâte de sentir le wishbone [1] dans ma main, de voir la voile se gonfler et m'emporter dans un élan plein de puissance. J'ai hâte de m'assurer que les suspentes [2] vont se dérouler sans s'emmêler, d'avoir la preuve, sur le terrain, que ce que j'ai imaginé va pouvoir se réaliser. Mais il me faut du vent et, pour l'instant, la brise glaciale souffle obstinément dans le mauvais sens.

Pensant qu'à cause du froid je ne pourrai guère m'arrêter, j'ai accroché une poche derrière mon dos, sur les barres qui me relient au traîneau. Cette poche contient un thermos, un peu de nourriture et un sac de bivouac. Très rapidement, je suis exaspérée par le sentiment qu'on me « botte les fesses » pour que j'avance plus vite. Je reprends mes vieilles habitudes, qui consistent à me dételer et à m'asseoir sur le traîneau. Je déroule alors le sac de bivouac

---

1. Barre tenue à la main qui donne sa direction à la voile et sur laquelle sont fixées les suspentes.
2. Fines cordes qui relient la voile au wishbone.

autour de moi. Ainsi protégée, j'ingurgite rapidement quelques vivres de course [1] et un peu de thé chaud.

J'avance de cette manière pendant six heures ponctuées de haltes, puis décide de monter mon camp.

Même sous la tente, j'ai toujours aussi froid. Des nuages cachent le soleil et la température ne dépasse pas − 30 °. Je ne peux rien faire sans gants. Pas question non plus de retirer une ou deux couches de vêtements pour dormir.

Si je voulais craquer, je devrais le faire maintenant ! J'ai toutes les cartes en main. Depuis hier, je ne sens plus mes pieds. Pourtant, je m'efforce de les protéger le mieux possible. Mes chaussettes sont recouvertes d'un sac en plastique, sur lequel j'enfile un gros chausson en laine brute. L'ensemble se cale dans les chaussures rigides, doublées de néoprène et de goretex. Malgré tout, mes orteils sont complètement insensibles.

Je suis sur la corde raide, secouée par le désespoir. Mais je sais que je n'abandonnerai pas. J'ai l'intime conviction que les difficultés que je rencontre, les souffrances que j'endure sont des mises à l'épreuve, des rites de passage. Il me faut gagner le droit d'accéder à la dimension réelle de mon aventure. Je dois découvrir les clés qui m'ouvriront le chemin de ce monde qui ne veut pas de moi.

Je me glisse dans le duvet pour appeler Kjell.

− J'ai progressé pendant deux heures au milieu de gros sastrugis, lui dis-je. Ensuite, j'ai essayé d'utiliser la voile, mais il n'y a pas de vent.

Kjell consulte les bulletins météo des deux stations du pôle.

---

1. Rations de nourriture que l'on absorbe sur le terrain.

– Niko n'est pas très loin de ta position, un peu à l'ouest, m'explique-t-il. Il y a trois heures, elle donnait – 36 ° et un vent de 3 mètres-seconde, orienté à 200 °. Trois mètres-seconde, c'est assez faible, mais la direction est bonne. Il semblerait que, plus tu t'éloignes du pôle, plus tu as de chances d'avoir un peu de vent.

– À condition de m'éloigner...

– Je sais bien. Quelle est ta position actuelle ?

– Je suis loin, vraiment loin de toi ! S'il n'y a pas de vent, c'est complètement sans espoir. Je suis prête à me servir des voiles, je les ai préparées, elles sont sur le dessus du traîneau. Le problème, c'est que je peux rester sans vent pendant encore deux cents kilomètres !

– Deux cents, je ne crois pas, fait Kjell. Tu devrais avoir du vent plus tôt. Si tu regardes la carte, tu verras une courbe de niveau en face de toi, à 3 000 mètres d'altitude. Le pôle est déjà à 2 880 mètres, tu n'es plus très loin Comment te sens-tu ? Tu as toujours aussi froid ?

– Ça va un tout petit peu mieux. Mais je n'arrive absolument pas à me réchauffer les pieds.

– Il me semble que tes chaussures sont très rigides. Elles sont adaptées au ski et à la voile, mais pas tellement à la marche. Nous en avons déjà parlé, souviens-toi, et nous n'étions pas d'accord.

– Il faut bien que j'avance avec ces chaussures-là, puisque je n'en ai pas d'autres...

– Tu sais, Laurence, cela ne fait que trois jours que tu es partie. La situation est grave, mais pas désespérée. Pour l'instant, tu ne risques rien. Continue comme ça. Il n'y a pas de danger, tu as toute l'autonomie nécessaire. Je crois que tu ne te bats pas seulement contre le froid. Tu luttes aussi contre le découragement, et ça, c'est le plus difficile.

– D'accord, mais si je n'avance pas plus vite...

Il y a un silence. Kjell cherche un peu ses mots.

– Nous savons, toi et moi, ce qu'il adviendra si tu ne progresses pas, reprend-il. Mais je crois qu'il est trop tôt pour en parler. Ce qui m'intéresse pour l'instant, c'est la manière dont tu t'acclimates, et comment tu parviens à te réchauffer. Si tu as trop froid, tu vois tout en noir, même ce qui est beau. Tu te rappelles quand Borge avait essayé de traverser le Spitzberg ? Tout se passait mal dans cette expédition. Pour commencer, l'équipe avait dû attendre très longtemps, comme toi, pour rallier son point de départ. Ensuite, dès les premiers jours, ils ont eu une foule de problèmes et, pourtant, ils ont continué à progresser. L'ami de Borge voulait arrêter. Borge, lui, avait résolu d'aller aussi loin que possible. Quand ils ont abandonné, personne ne s'est permis de les critiquer. On a salué leur ténacité. Si tu fais de ton mieux, on ne te critique jamais. Ce qui compte, c'est qu'à ton tour tu ailles aussi loin que possible. Figure-toi que tu as reçu plein de félicitations, sur Internet, de gens que je ne connais pas, que tu ne connais peut-être pas non plus ! Ah, encore une chose... Même si c'est difficile, essaie de prendre des photos, de filmer. Il faut que je voie ce que tu endures, il faut que les autres comprennent.

Je lui annonce que j'ai déjà tourné quelques scènes.

– Formidable ! s'exclame-t-il.

– Tu parles ! J'ai l'air d'une abominable femme des glaces...

*28 novembre 1999*
*89° 47' 50" S – 117° 20' 28" E*
*22 kilomètres du pôle Sud*
*– 43 °C*

Je ne sais pas si c'est l'Antarctique qui se rebelle contre mon intrusion ou si je me suis trompée d'objectif, mais je n'en peux plus. Mes doigts de pied, gelés depuis deux jours, se réchauffent peu à peu dans le duvet en m'occasionnant des douleurs intolérables. J'ai du mal à tenir mon crayon. Les premières heures de voile ont tétanisé les muscles de mon bras. Je suis sale, je n'ai pas fait un brin de toilette depuis Patriot Hills. J'ai l'impression de devenir un animal, le plus primitif qui soit. J'ai renversé une partie de mon dîner sur les kamiks. Pour ne pas perdre mon repas « saumon-purée », j'ai ramassé à la cuillère les plus gros morceaux, puis mangé le reste directement sur les chaussons.

Hier, pourtant, la journée avait bien commencé. Du moins, pas trop mal. Le matin, un vent de bon augure m'avait décidée à essayer d'utiliser les voiles. J'en ai trois, 24 m², 20 m² et 10 m². Chacune est un prototype, à mi-chemin entre le parapente et le cerf-volant. La toile peut être simple, ou à caissons, afin d'améliorer sa tenue dans le vent. Les suspentes sont de trois types, avant, milieu, arrière. Celles de l'avant permettent de gonfler la voile. Les suspentes arrière servent à l'affaler et à stopper la progression. Lors de mes entraînements à Finse, en Norvège, sur un lac gelé, nous avions mesuré, Kjell et moi, une vitesse au sol de 60 kilomètres-heure. J'en avais déduit que j'étais capable de naviguer d'une manière extrêmement efficace, quels que soient la force et le sens du vent, malgré plusieurs chutes spectaculaires.

Le problème essentiel, pour assurer ma sécurité, était d'être capable de déployer et de replier la voile sans me faire embarquer. J'ai trouvé une solution pour fixer le wishbone sur la barre du traîneau. Lorsque je décide de m'arrêter, ou si je fais une chute, un système d'ancre m'immobilise.

Par prudence, pour ne pas aller trop vite dès le début, j'ai décidé de prendre une voile de surface moyenne, la 20 m$^2$. Je ne sais pas ce qui s'est passé, mais le mousqueton des suspentes du milieu s'est ouvert et l'ensemble s'est emmêlé, dans une inimaginable pelote de ficelle. J'ai fourré le tout sur le traîneau et décidé de tenter d'utiliser la 24 m$^2$. Pour cela, il fallait que j'adapte le wishbone de la 20 m$^2$. Opération délicate, mais réussie. Me voilà partie pour quelques heures à la voile. J'ai découvert que c'était nettement moins laborieux que de tirer comme une brute cette espèce de char à patins.

Lorsque le vent a faibli, j'ai monté le camp et commencé à démêler mon écheveau. Il m'a fallu la bagatelle de quatre heures pour remettre en état la 20 m$^2$. J'étais très fière d'avoir su faire preuve d'une telle patience. Cela m'a rendue optimiste pour la suite.

Ce matin, la toile de la tente frémit doucement sous la brise. Je ne doute pas une seconde de repartir à la voile. Malheureusement, le vent tombe très vite. En désespoir de cause, je termine la journée en tirant le traîneau.

Le paysage est comme une mer absolument blanche, hérissée de vagues de glace. Tour à tour doux et brutaux, acérés et arrondis, les sastrugis peuvent prendre des formes étonnantes. Parfois, j'ai l'impression de croiser des murs, des dunes, des sculptures, des animaux, des étraves de bateau.

Ce monde figé par le froid évolue au fil des heures. Le matin, j'ai le soleil de côté, à droite, et je vois tout en blanc. Les faces un peu abruptes sont éclairées. Le soleil tourne devant moi. Le soir, il passe à gauche et les pentes virent au noir. Le paysage devient alors agressif et brutal. Pourtant, je me sens de connivence avec cet univers. Si seulement les éléments acceptaient de m'aider un peu ! Mélange de désespoir, de fatigue, d'exaltation. Désir aussi de ne pas décevoir ceux auxquels je tiens et auxquels je pense.

Encore une journée laborieuse. Si je veux pouvoir avancer, j'ai besoin de me délester de 20 kilos de nourriture, mais il est possible ensuite que mon autonomie ne soit plus suffisante pour atteindre Dôme C. Il me faudra éventuellement un ravitaillement, tout en sachant que, depuis le départ, je suis incapable d'ingurgiter l'intégralité de mes rations quotidiennes. En me rationnant dès maintenant, je pourrais peut-être tenir soixante jours avec 20 kilos de moins, mais ce n'est pas certain. Et puis, si les températures restent aussi basses, je vais forcément finir par puiser dans mes propres réserves, et ma consommation en calories devra augmenter.

J'appelle Kjell, qui me propose de joindre directement Gérard Jugie, le directeur de l'Institut polaire. Moins d'une demi-heure plus tard, j'ai Gérard en ligne. Je lui expose rapidement la situation. Il me dit simplement qu'il est ravi de m'avoir au bout du fil et que tout est en place pour qu'Adventure Network puisse récupérer, à Dôme C, le carburant nécessaire à un éventuel ravitaillement. Les distances en Antarctique sont telles que le Twin Otter d'Adventure Network serait obligé d'y faire le plein pour pouvoir m'atteindre avant de regagner sa base de Patriot Hills.

Ce qui me paraissait très compliqué se simplifie tout d'un coup. J'ai le cœur qui bat la chamade. Gérard Jugie vient d'accomplir une sorte de tour de magie, et il en parle avec une remarquable modestie. L'Institut polaire a promis de me soutenir, il ira jusqu'au bout. Patrice Godon supervisera l'acheminement par le convoi terrestre, jusqu'à Dôme C, du carburant nécessaire au Twin Otter.

Leur présence à mes côtés m'est d'un secours inestimable. Ils me font confiance, et c'est peut-être cela le plus important. Je voudrais leur donner le maximum.

L'Institut français pour la recherche et la technologie polaires est né en 1992 du regroupement des expéditions Paul-Émile Victor et de la mission de recherches des Terres australes et antarctiques françaises. Ma rencontre avec lui remonte à 1997. Au retour de ma première expédition, je donne une conférence au centre Océanopolis de Brest. Plusieurs membres de l'Institut polaire, dont Gérard Jugie, sont présents. Quelques mois plus tard, je fais la connaissance de Claude Lorius, l'ancien directeur des expéditions Paul-Émile Victor, à l'origine de la création de l'Institut polaire, sur un plateau de télévision. À l'époque, je prévoyais de retourner en Antarctique pour tenter la traversée intégrale entre Hercule Inlet et McMurdo via le pôle Sud, suivant l'itinéraire de Borge Ousland. Tout en me laissant un sentiment d'inachevé, la première traversée m'avait ouvert de nouveaux horizons. À la fin de l'émission, je discute longuement avec Claude Lorius. L'idée de tracer un nouvel itinéraire en Antarctique en passant par les bases françaises est lancée ce jour-là.

Rapidement, elle s'impose à moi. Fin 1998, je retrouve Gérard Jugie et Jean Jouzel, directeur du programme scientifique Épica mis en place à Dôme C, dans un bistrot de la vallée de Chevreuse. Je leur présente mon projet en essayant de savoir s'il leur est possible de m'apporter une aide logistique.

– La vocation de l'Institut polaire, m'explique Gérard Jugie, n'est pas de soutenir des sportifs ou des aventuriers, si remarquables soient-ils, mais de mettre à disposition, sur le terrain, les moyens nécessaires à la réalisation de missions scientifiques précises.

– On m'a confié une expérimentation médicale, dis-je. Le CHU de Montpellier a conçu un programme de mesure des températures, pour tenter de comprendre comment le corps humain est capable de s'adapter à des conditions extrêmes pendant aussi longtemps. Je vais partir avec des appareils programmés pour enregistrer et mémoriser les températures.

À ce moment-là, Jean Jouzel intervient.

– Pensez-vous pouvoir prélever des échantillons de neige tout au long du trajet entre pôle Sud et Dôme C?

– Oui, mais à condition d'avoir un matériel simple d'utilisation et suffisamment léger pour ne pas trop alourdir ma charge.

Dès lors, les premières pièces du puzzle sont en place. Une étroite collaboration vient de naître.

Avant de me glisser dans le duvet, je me fais un plein thermos de boisson chaude. Pas un souffle de vent à l'extérieur. La tente est une oasis au milieu du désert de glace. Je me sens sereine.

*3 décembre 1999*
*89° 24' 57" S – 118° 19' 18" E*
*59,9 kilomètres du pôle Sud*
*– 38 °C*

Onzième jour. J'ai fait 59,9 kilomètres depuis le pôle, soit une moyenne journalière de 5,4 kilomètres. J'ai encore près de 2 800 kilomètres à parcourir. À la cadence où je vais, il me faudra 537 jours pour atteindre Dumont d'Urville, presque deux ans. Tous les espoirs sont permis !

Ce matin, je me suis délestée de 20 kilos de nourriture, et de l'équipement qui ne me paraissait pas absolument indispensable. Que vais-je regretter le plus ? Goethe ou la fiole de vodka ?

J'ai trouvé le moyen d'écouter de la musique en mettant le walkman contre ma peau. Sensation peu agréable, mais, pendant deux heures, j'ai pu marcher en pensant à Céline, qui a onze ans. C'est une fan de Solyma et, grâce à elle, j'ai enregistré cette cassette. Ce soir, au téléphone, je lui ai dit qu'elle m'avait aidée en me permettant de m'évader un peu et de mieux supporter la difficulté de l'effort.

– Tu arrives quand à Dôme C ?

– Pour l'instant, ma puce, je ne sais pas vraiment, mais je pourrai t'en dire un peu plus dans deux semaines.

– J'aimerais bien faire le tour du mont Blanc à cheval.

– C'est une bonne idée. Tu sais, j'ai oublié de te dire qu'il y a un avion qui va partir de l'Antarctique pour vous apporter une surprise à Noël. En attendant, je te rappelle dimanche prochain. Tu me passes ta sœur ?

Petite voix de Charlotte, six ans :

– Maman, où est-ce que tu dors ? Comment tu t'habilles ? Comment se conserve ta nourriture ? Et comment tu fais pour te réchauffer ?

Je suis heureuse de ses questions et m'attache à lui donner des réponses simples et précises, qui la rassurent, satisfont sa curiosité et celle de ses copains de classe à l'école des Bossons.

J'appréhendais nos rendez-vous hebdomadaires. Mais ces premiers contacts annulent l'énorme distance qui nous sépare.

La naissance de mes filles n'a rien changé à la passion que j'éprouve pour la montagne et les grands espaces. Céline et Charlotte se sont intégrées à ce monde, tout en me faisant parfois remarquer qu'elles auraient préféré avoir une maman monitrice de ski parce que, « elles, elles rentrent tous les soirs à la maison ». Je ne peux m'empêcher de penser que mes expéditions élargissent leur univers, et que ce que je leur raconte est plus passionnant que ce qu'elles voient à la télévision. J'ai à cœur de leur inculquer qu'il n'est pas indispensable de se couler dans les normes apparemment imposées par la société. Je souhaite les aider à comprendre que pour mener une vie passionnante, il faut savoir se battre.

Après Chamonix, j'ai Dumont d'Urville au bout du fil :

– Tu sais, Kjell, j'ai vraiment peur pour mes pieds. Tout l'épiderme est nécrosé et commence à partir en lambeaux. J'ai quatre orteils atteints au pied gauche, et le gros orteil du pied droit est vraiment affreux à voir.

— Hum, hum, fait sobrement Kjell, qui mesure aussi bien que moi la gravité du problème. Pourquoi ne mets-tu pas ta combinaison en duvet, plutôt que celle en goretex ? Il me semble qu'en protégeant mieux le reste de ton corps tu auras moins froid aux pieds.

— Je vais le faire. Aujourd'hui, j'étais vraiment sur la corde raide. Quand il n'y a pas de vent, je supporte le froid, mais, au moindre souffle, ça devient intenable.

— Avec la combinaison en duvet, ça devrait aller mieux.

— Oui, mais elle n'a pas de fourrure autour de la capuche.

— Je ne pense pas que cela soit indispensable. Tu peux te protéger avec les cagoules.

— Tu ne crois pas que l'humidité risque quand même de pénétrer à l'intérieur ?

— Ça dépend de la vitesse à laquelle tu marches. L'essentiel, Laurence, c'est que tu arrives à trouver un minimum de confort. Comme l'air dans la tente est en général assez sec, cette combinaison devrait sécher facile-ment. Le soir, retourne-la comme un gant, et l'humidité s'évaporera pendant la nuit.

— Tu sais, Kjell, je pourrais aller plus vite, s'il y avait un peu plus de vent dans le bon sens et moins de gros sas-trugis. Ça me réchaufferait...

— En attendant, essaie le duvet. Ici, même s'il ne fait que quelques degrés en dessous de zéro, c'est ce que je porte quand je sors contempler les manchots et les cou-chers de soleil. En Sibérie, je l'avais sur moi dix heures par jour.

— Qu'est-ce que tu faisais, en Sibérie ? De la marche ?

— Oui, ainsi que du ski et de la photographie. J'étais dehors toute la journée. Je portais une veste et un pantalon en duvet du matin au soir. Je t'assure que c'est efficace.

– En voyant la glace sur mon goretex, je me dis que ce sera la même chose avec le duvet, mais à l'intérieur.

– Je n'en suis pas sûr. À mon avis, le duvet respire mieux que le goretex. Le goretex est très efficace contre le vent, mais, dans les conditions auxquelles tu es confrontée, son étanchéité fait qu'il ne laisse peut-être pas passer assez d'air. Essaie, tu verras comment tu te sens !

– Je vais essayer, Kjell, je te promets. Mon principal souci, c'est d'être prête à foncer dès que j'aurai du vent. J'ai monté le camp, mais si, cette nuit, ça souffle dans la bonne direction, je remballe tout en vitesse, je chausse les skis, je saute sur la voile et je file !

*5 décembre 1999*
*88° 47' 51" S – 121° 58' 52" E*
*128,9 kilomètres du pôle Sud*
*– 35 °C*

Être le premier être humain à poser les pieds sur une terre totalement vierge, voir ce que personne n'a vu jusqu'à présent, a un prix qui n'est pas donné. Je le paie jour après jour.

Depuis le départ, j'apprends à vivre le froid, tout en sachant qu'il est mon ennemi le plus implacable. Pour l'instant, ma progression est lente, seul un vent dans le bon sens me permettrait de faire la différence.

Le terrain s'améliore, et je me mets à rêver de parcourir un nombre conséquent de kilomètres. Je rêve aussi de voile... Je chausse les skis et me voilà partie. La beauté de cet univers est irréelle, mais quelle sauvagerie ! Lorsque le vent se lève et que la température devient inhumaine, c'est la guerre. Le ronronnement qui s'amplifie à mes oreilles déclenche mes systèmes d'alarme. Je joue de la combinaison, du duvet, des fourrures polaires, avec encore et toujours de la buée dans les lunettes. J'essaie de trouver un équilibre entre l'effort et la gestion du froid. Seul le fait de savoir que je pourrai facilement me mettre à l'abri sous la tente me permet d'accepter les heures qui passent.

Au moment où le ciel se couvre, j'ai brusquement conscience que le vent souffle dans la bonne direction. Je n'ose y croire, et mes mains tremblent quand je sors la voile du traîneau. Je tente la 20 m². À peine est-elle déployée qu'une rafale m'arrache du sol. Le vent est beaucoup trop fort pour la surface de la voile. Je prends la 10 m², l'installe. Soudain, je pars. Je skie sans effort, portée par le vent, guidée par un petit halo de soleil à travers les nuages. Les mains crispées sur le wishbone, je n'ose faire le moindre mouvement, de peur de rompre l'équilibre entre la voile et le vent.

Ma vitesse s'accélère, je me grise de glisse, sautant de sastrugis en sastrugis. Puis le ciel devient d'un gris ardoise. Je ne vois plus le sol, je ne vois plus que le cerf-volant. Je fais l'apprentissage brutal de la navigation sans repères. Les mouvements de mes jambes me donnent des indications sur la configuration du terrain, et je fais en sorte que mes bras gardent la même position pour ne pas changer d'azimut. L'excitation du début fait bientôt place au stress. Après quelques heures dans le « grand blanc », un vol plané providentiel constitue un superbe alibi pour monter le camp.

Ce soir, je m'offre un vrai gueuleton. Double ration de canard aux figues. Pour conclure ce festin, une bonne tasse de café et quelques carrés de chocolat feront l'affaire. J'ai tellement hâte de raconter la journée à Kjell que je l'appelle un peu plus tôt que d'habitude.

– Comment te sens-tu ? me demande-t-il. Est-ce que tu arrives à te réchauffer ?

– Je suis morte, mais j'ai fait 48 kilomètres aujourd'hui.

– Trente-huit kilomètres ? Super...

– Quarante-huit kilomètres – 4 et 8.

– Waouh ! Formidable ! Je vais boire une bière en ton honneur ! Tu as plus progressé en une journée qu'en une semaine. Quarante-huit kilomètres, c'est fantastique. Il faut que tu saches que j'ai affiché une immense carte de l'Antarctique dans la salle à manger de Dumont d'Urville. J'avais prévu d'y reporter quotidiennement ta position. Les premiers jours, je n'ai pas pu le faire, mais, maintenant, je ne vais pas m'en priver ! Pendant que j'y pense... Jean-Gabriel a appelé hier de Hobart. Il demande que tu filmes quand tu peux, en t'adressant à la caméra, comme les navigateurs le font dans leur bateau.

Non seulement j'ai déjà tourné deux heures de rushes, mais je me suis même offert le luxe d'immortaliser mes doigts de pied pourris. Je l'annonce à Kjell.

– Bravo ! Quelle est la direction du vent ?

– J'ai surtout eu du vent arrière. C'est difficile à gérer dans le whiteout [1]. Je sautais maladroitement d'un sastrugis à l'autre, je suis tombée trois fois...

– Trois fois !

– Ça va, je ne me suis pas fait trop mal. Juste tordu un pouce. Je ne peux plus me servir de ma main gauche pour l'instant.

– Borge m'a raconté que, lorsqu'il progressait avec le vent dans le dos sans visibilité, il faisait en sorte de descendre sa voile aussi près que possible du sol pour accentuer les contrastes et faire apparaître les obstacles.

– Oui, mais si la voile est trop basse, je vais moins vite.

En raccrochant, je regrette un peu d'avoir largué la fiole de vodka. En guise de consolation, je m'accorde une toilette. À – 45 °C, c'est un exercice extrêmement délicat. La première étape consiste à faire chauffer l'eau sans gaspiller le précieux carburant. La seconde étape exige une organisation parfaite. Pour utiliser l'eau chaude avant qu'elle ne refroidisse, il faut disposer les instruments nécessaires, brosse à dents, savon, coton, onguents divers,

---

1. Mélange de nuages et de brouillard qui empêche toute visibilité.

par ordre précis d'entrée en scène. Ensuite, c'est la course contre la montre pour se débarbouiller le plus efficacement possible, sans laisser à l'eau le temps de geler la peau. Chaque goutte qui tombe à côté de la cuvette improvisée devient aussitôt dure comme de la pierre. Je ne réussis pas à dégeler le dentifrice, si bien que je coupe le tube en deux. La pâte que je prélève à l'intérieur est déjà solidifiée par le froid, et je me casse une dent.

J'ai deux systèmes de ventilation dans la tente extérieure. L'un, situé à la hauteur de la tête quand je suis couchée, doit permettre d'évacuer ma respiration pendant la nuit. En fait, il laisse passer des courants d'air glacial qui me font hurler. Je crains de limiter mes ablutions au strict minimum...

*11 décembre 1999*
*86° 14' 34" S – 122° 19' 14"*
*413,9 kilomètres du pôle Sud*
*– 33 °C*

Un siècle s'est écoulé. Les six derniers jours ont filé comme le vent. J'utilise intensément la voile, au risque de perdre contact avec la réalité. Les bras paralysés, les jambes tétanisées, les genoux durs comme du bois, je prie le ciel de ne rien casser dans cette course folle. La neige défile sous mes skis, parfois à une vitesse incroyable. Dans mon dos, le traîneau bondit, gémit, proteste et tente vainement de s'échapper en tirant sur le harnais.

Je slalome entre les blocs de glace, gardant coûte que coûte les skis bien à plat, en parallèle. Si je perds le contrôle de ma trajectoire, ou qu'un sastrugis happe un ski au passage, c'est l'accident. Le froid est tel qu'en cas d'entorse ou de fracture j'ai une demi-heure pour me mettre à l'abri. Au-delà, peu de chances de survie.

Une faute d'inattention, et c'est la chute. Soudain, je me retrouve à plat ventre dans la neige. C'est arrivé si vite que je n'ai pas eu le temps d'affaler la voile. Les jambes coincées sous les barres qui me relient au traîneau, je suis tractée sur vingt mètres, jusqu'au moment où je parviens enfin à m'arrêter. Il faut que j'enlève les chaussures pour dégager mes jambes. Me voici en chaussettes sur la calotte polaire, par – 33 °C. Entre-temps, la brise a forci, et la voile tente une nouvelle échappée. La seule solution est de réduire sa prise au vent. Toujours en chaussettes, je dois retirer les gants pour me détacher du traîneau. Le froid se met à paralyser pieds et mains, et je sais qu'il me faut très vite achever ces manipulations.

Malgré la fatigue et les contractures, je ne pense qu'à une chose : accumuler les kilomètres. C'est ma seule chance d'atteindre mon objectif. Petit à petit, je rentre dans une sorte de routine polaire qui me fait vivre l'extrême comme normal. Je commence à maîtriser le matériel. Alors qu'au début je faisais tout trop vite pour me réchauffer, je joue maintenant sur un mode plus délicat, plus fin, plus subtil. Je ralentis les gestes, affine mes réactions, apprends à ménager mes réserves.

En jonglant avec les fuseaux horaires, j'ai complète-ment perdu la notion du temps. Il faut que je me recrée un code, de nouveaux repères, une structure sur laquelle m'appuyer. Je choisis des contraintes adaptées à l'Antarc-tique, en particulier la durée de progression journalière. Je me les impose librement, et c'est ce qui fait ma force. Cette base de fonctionnement, je m'y accroche bec et ongles. Très vite, j'ai beaucoup de mal à la transgresser. Quand, par hasard, je suis trop épuisée pour entendre le réveil, j'ai le sentiment de me perdre un peu.

Le bruit du vent est devenu mon meilleur ami, même si j'en ai toujours peur. Il a remplacé le vacarme des avions atterrissant au pôle Sud. Ce brouhaha, qui m'a accompa-gnée pendant plusieurs jours, m'empêchait de me sentir seule. En même temps, paradoxalement, j'appréhendais le moment où le lien avec la base serait rompu.

Après avoir pris la position au GPS, je calcule mon azimut et mets de l'eau à chauffer. Comme le café est à la fois excitant et déshydratant, je ne peux pas en boire quand je fais des efforts physiques importants. J'ai trouvé un substitut à base de chicorée et de céréales grillées dont je m'abreuve matin et soir.

Les jambes au chaud dans le sac de couchage, le Cérécof à la main, je déplie la carte. Elle est au 1/2 000 000ᵉ, ce qui signifie que chaque centimètre représente 20 kilomètres. Mais, surtout, elle porte deux avertissements encadrés. L'un est une mise en garde aux pilotes d'avion, l'autre m'intéresse particulièrement : « Attention, les informations concernant l'altitude dans certains secteurs de l'Antarctique ne sont pas fiables, pour cause de relevés incomplets. » J'ai déjà mesuré le problème. Cent cinquante kilomètres après le pôle Sud, j'étais censée me trouver sur un plateau, à 3 000 mètres d'altitude. En fait, j'ai dû grimper pratiquement jusqu'à 3 300 mètres avant de rejoindre la courbe des 3 000 mètres.

J'essaie d'imaginer ce qui m'attend dans le blanc de la carte, lorsque mon attachée de presse m'appelle.

– Laurence, je viens de voir le relevé de tes positions Argos ! C'est génial !

– Ce n'est que le début. Je suis dépendante du vent.

– Ici, on te surnomme Speedy Gonzales, poursuit Catherine, tout à son enthousiasme.

Lors des premiers jours de l'expédition, je lui avais demandé de me faire confiance, quelles que soient mes difficultés. J'avais besoin de la sentir derrière moi, inébranlable.

– Est-ce que France-Inter peut te contacter d'ici une heure ? me demande-t-elle.

– Oui, pas de problème, je mettrai le téléphone en route à ce moment-là.

En attendant, je cherche un moyen de mieux protéger mes pieds pendant la journée. Impossible d'ajouter une couche épaisse de chaussettes, le pied ne doit en aucun cas être compressé dans la chaussure. Il me faut quelque chose de fin. En rechargeant la caméra, je découvre que le sac isotherme qui renferme mes batteries est fabriqué dans la même matière que les couvertures de survie. Il ferait de merveilleux petits chaussons ! Je déshabille les batteries (pardon, Jean-Gabriel !), sors ciseaux, fil et aiguilles. En moins d'une heure, les coutures sont terminées et je me sens rassérénée. Au moment où j'entreprends un essayage, le téléphone sonne, je suis en direct sur France-Inter.

— Allô, c'est Laurence de la Ferrière ? demande l'assistant de Stéphane Paoli. Vous allez bien ?

Je me retiens de rire. Il me verrait, les doigts de pied en capilotade au milieu des ruines du sac des batteries, écartant la triple couche de cagoules pour mieux l'entendre, il serait effaré.

— Je vais très bien, merci.

France-Inter m'a déjà appelée il y a huit jours, en me posant la question qui tue : « Mais pourquoi faites-vous ça, Laurence de la Ferrière ? » J'étais une chose pitoyable au fin fond de mon duvet et je me suis dit : « Oui, pourquoi ? » Depuis, j'ai fait du chemin...

*13 décembre 1999*
*86° 02' 50" S – 122° 34' 32" E*
*435,6 kilomètres du pôle Sud*
*– 35 °C*

Toute la journée, j'ai cherché des vents favorables. Je me suis arrêtée un nombre incalculable de fois pour sortir les voiles. Je me suis dit que, si je n'essayais pas, je ne saurais jamais si je pouvais ou non les utiliser. Parcourir près de 3 000 kilomètres en Antarctique à ski, ce n'est guère plus jouable que de vider l'Atlantique avec un gobelet !

À chaque tentative, une demi-heure pour déplier, une demi-heure pour replier. Les pieds en feu, je hurle de douleur et de désespoir.

Petit vent de face glacial. Les stalactites du masque me figent le visage et la peau de mes lèvres reste accrochée au rebord métallique du gobelet du thermos que je sors du traîneau à chaque halte, pour boire un peu de thé chaud. Pas un seul nuage à l'horizon. Je me traîne à force de volonté.

Quand je n'en peux plus, je m'arrête. J'ai parcouru 14 kilomètres avec les peaux de phoque. Ma souffrance est telle que j'éprouve d'immenses difficultés à déchausser. Je m'y reprends à trois reprises.

Les premiers pas sont terribles. J'avance courbée comme un vieillard, cherchant un endroit où monter le camp.

Mon traîneau est à deux mètres de la tente, mais les allées et venues pour installer tout le matériel me prennent un temps infini. Lorsque je m'assieds sur le matelas en mousse, les pieds dans l'abside, enfin à l'abri sous le double toit de toile, les larmes coulent sur mes joues.

Je défais la fermeture Éclair des guêtres en goretex, puis le laçage des coques intérieures, et dégage délicatement les chaussons. J'enlève la glace qui entoure mes chaussures. Elles vont servir, comme d'habitude, à caler le sac de couchage pour qu'il ne glisse pas à côté du matelas, sur le sol gelé.

Avec d'infinies précautions, je retire chaussettes et sacs en plastique. Ce qui me frappe en premier, c'est l'odeur de l'infection. Tout en refusant d'admettre la gravité de la situation, j'aborde le sujet avec Kjell sur un ton faussement dégagé. Pour tenter de comprendre ce que je ressens, il a quitté le confort de la base. Il est allé planter sa tente à l'écart, dans la neige. Il est ainsi plus proche de moi.

– Explique-moi à quoi ressemblent tes pieds, me demande-t-il.

– Les orteils sont boursouflés, la peau éclate par endroits, et le pus s'écoule des plaies.

Comme toujours lorsqu'il est ému, Kjell réagit par une suite d'onomatopées.

– Mmm, euh, hum, je te passe Thierry.

Le médecin de Dumont d'Urville commence par me recommander de ne plus utiliser les sacs en plastique.

– Ils maintiennent vos pieds dans un véritable bouillon de culture, m'explique-t-il. Par ailleurs, vous devez impérativement débrider les plaies pour juguler l'infection.

– Dois-je utiliser maintenant le seul traitement antibiotique dont je dispose, ou est-ce que je prends le risque d'attendre ?

– Pour l'instant, contentez-vous de la crème anti-
septique. On fera le point dans deux jours.

Ciseaux en main, je découpe les nécroses, laissant les
chairs à vif. De plus, je dois retirer les ongles et leurs
matrices, ce qui laisse des trous béants. L'opération me
donne la nausée. Désormais, les gelures ne devraient plus
s'aggraver. J'espère que les plaies vont vite cicatriser, et
que j'échapperai à un autre refroidissement.

*17 décembre 1999*
*84° 29' 12" S – 122° 55' 41" E*
*609,6 kilomètres du pôle Sud*
*– 30 °C*

Depuis douze heures, la tente est secouée par de violentes rafales. Je suis sortie deux fois cette nuit pour rehausser le mur de glace auquel elle est adossée et ajouter des points d'ancrage. Je n'ai pas fermé l'œil.

Ce matin, les conditions de vent sont trop dangereuses pour que je reparte. J'attends une accalmie. Je n'ai pas envie de prendre de risques stupides. Ils sont toujours difficiles à évaluer, mais j'ai résolu de faire confiance à mon instinct.

Cela me permet d'écrire, plaisir trop rare ces derniers temps où je ne pensais qu'à progresser. Je n'avais plus le loisir de m'exprimer autrement que dans le décompte des kilomètres accumulés. Cela dit, j'ai du mal à tenir le crayon. Mon bras droit commence à avoir de curieuses réactions, il me fait mal du coude jusqu'à la main. Mes doigts sont à moitié ankylosés. Le maniement du wishbone n'est pas une mince affaire et, apparemment, le fait d'avoir maigri n'arrange pas les choses. Comme je ne le vois pas, la perception que j'ai de mon corps est modifiée. Je sens que mes muscles répondent, mais je ne sais plus à quoi je ressemble. C'est un peu comme si je perdais une partie de mon identité.

J'ai l'impression d'avoir totalement fondu. Je ne reconnais plus mes jambes. À travers les collants, je devine de ridicules petites choses. Je me demande si elles pourront me porter aussi loin et aussi longtemps. Est-ce que, sous les couches de vêtements, je ressemble encore à une femme ? Je me souviens que lors d'une ascension du Kilimandjaro, alors que j'étais enceinte de six mois, mon ventre volumineux s'était effacé. À l'arrivée au sommet, craignant d'avoir perdu mon bébé, j'avais été prise de panique. Dans la descente, lorsque j'avais commencé à me relaxer, mon ventre avait repris sa forme. Charlotte s'était, en quelque sorte, mise en hibernation et venait de se réveiller. Ici, en Antarctique, mes muscles se métamorphosent pour tenter de répondre aux efforts que je leur impose. Les facultés d'adaptation du corps humain m'ont toujours fascinée.

Je sors pour sentir le vent. Il soulève la neige en une sorte de tapis volant qui rend le sol invisible. Vision à la fois terrifiante et féerique. Le froid glace aussitôt mon visage exposé, et je maintiens à grand-peine mon équilibre.

Il faut que j'effectue le prélèvement de glace que j'ai promis de faire chaque jour jusqu'à Dôme C.

À cet effet, un tube en titane a été conçu dans les laboratoires de glaciologie du CNRS. Lors de notre première rencontre à Grenoble, Jean-Robert Petit m'a donné des sueurs froides. Il s'apprêtait à m'équiper d'un tuyau de plusieurs mètres et de quelques tonnes !

– Écoute, Jean-Robert, si tu veux vraiment que je te rapporte de la glace, il faudrait que tu adaptes ton matériel à mes impératifs.

– D'accord. Qu'est-ce que tu m'accordes comme poids maximum ?

– Un kilo.

– Un kilo pour le carottier ?

– Non, un kilo en tout, pour le carottier et les cinquante flacons d'échantillons.

– Les flacons, ça ira, ils sont en plastique... Je les numéroterai et tu n'auras plus qu'à marquer la position correspondante. Quant au carottier, je vais l'évider de telle sorte qu'il soit le plus léger possible.

– Si tu pouvais faire quelques trous en même temps, ça ne changerait rien pour les carottages, et ça me permettrait de le transformer en wishbone, si nécessaire.

J'arrache le principal piquet de tente, qui n'est autre que le fameux carottier, fonction que Jean-Robert n'avait pas imaginée. J'enlève à la pelle la première couche de neige, positionne l'engin perpendiculairement à la surface et l'enfonce facilement jusqu'à la poignée. Une fois la carotte obtenue, je la mets dans un sac et l'effrite pour prélever un échantillon de vingt grammes. Le flacon rejoint ses congénères au fond du traîneau. Aucun risque qu'ils dégèlent.

Je regagne la petite tente battue par le vent. J'ai toujours eu peur de lui, de son bruit, de ses hurlements, de sa force, de sa violence, de son incomparable présence, et pourtant, quand je navigue avec lui, tout devient magique. Ce qui m'étonne toujours, c'est de constater la rapidité avec laquelle j'oublie les mauvais moments. De ma première expédition en Antarctique, je n'avais gardé que le meilleur. Mon départ du pôle Sud, d'une cruauté sans égale, m'a ramenée immédiatement à la réalité.

Je me suis sentie extrêmement présomptueuse. Je préfère l'écrire maintenant, dans l'action, en pleine difficulté. Plus tard, je dirai que jamais je n'ai voulu abandonner et je ne suis pas sûre que ce soit tout à fait la vérité.

L'impression de faire quelque chose de grand, du domaine de l'exploration, la vraie, est terriblement exal-

Deuxième jour depuis le pôle Sud.
2 880 m d'altitude, - 45 °C, vent de face.
C'est un cauchemar mais je n'abandonnerai pas.

*Photo L. de la Ferrière / Corbis Sygma*

1961.
Avec ma sœur Hélène *(à droite)*, au Maroc où je suis née.

Toujours au Maroc, avec mes frère et sœurs : à ma gauche, Renaud ; à ma droite, Hélène et Pascale.

Pendant des années, j'ai rêvé d'un chalet en bois, caché à flanc de montagne. Je l'imaginais simple et sobre, avec un feu de cheminée.
Et puis, un jour, j'ai trouvé cette étable inaccessible en voiture, perdue au milieu de la neige en hiver et des fleurs sauvages en été.
« La Bergerie » n'est pas une maison de rêve mais un rêve de maison. J'en ai fait mon repaire.

Punta Arenas au Chili, en 1996.
Juste avant ma première traversée jusqu'au pôle Sud, je rencontre Borge Ousland et Marek Kaminski, deux références dans le monde polaire. Un moment magique qui m'a suivie tout au long de l'expédition.

Parachutisme, alpinisme ou ski à voile, l'espace est mon univers et j'aime ce contact intime avec la nature.

*Photo Kjell Ove Storvik*

*Photo collection de l'auteur*

*Photo Kjell Ove Storvik*

Deux ans de préparation intensive avant mon immersion dans le blanc des cartes.

*Ci-dessus* : Escalade dans le massif du Mont-Blanc.

*Ci-contre* : VTT entre Chamonix et Argentière.

*Ci-dessous* : En attendant le traîneau, je m'entraîne à tracter des pneus sur les pentes de la Bergerie. Parfois, pour rire, Céline et Charlotte m'accompagnent.

En raison du mauvais temps, l'attente est longue à Punta Arenas.

J'en profite pour peaufiner mon matériel dans les moindres détails et organiser le plus rationnellement possible la charge de mon traîneau (140 kg) entre les réserves de carburant, les rations de nourriture et le reste de l'équipement.

À Patriot Hills, la tempête fait rage. Je devrai attendre quinze jours avant de pouvoir décoller pour le pôle Sud, point de départ de ma nouvelle traversée.

La « survie » en collectivité s'organise ; lecture, bons repas, discussions sans fin…

*Photos J.-G. Leynaud / Corbis Sygma*

7 novembre 1999.
Après quatre faux départs, il semble que la météo permette enfin à l'Hercules de décoller. Dans quelques heures, je serai en Antarctique.

Photos J.-G. Leynaud / Corbis Sygma

23 novembre 1999.
À peine déposée au pôle Sud, je démarre. J'ai tellement attendu ce moment… mais une neige crissante et râpeuse comme du sable me cloue au sol. Au prix d'un effort surhumain, je ne progresse ce jour-là que d'un petit kilomètre. Devant mes yeux, 3 000 km de désert blanc s'étendent à perte de vue !

Harassée, je monte
mon premier camp.
L'aventure a bel et
bien commencé !

Il fait tellement froid que la moindre trace d'humidité gèle autour de mon masque et forme une carapace de glace qui finalement me protège de l'extérieur. Toutes les heures et demie, je m'arrête pour boire un peu de thé chaud.

Mais quand le vent se lève, je dois me mettre à l'abri sous ma petite tente de bivouac.
« Essaie de te prendre en photo le plus souvent possible », m'a dit Kjell au téléphone. « Il faut que je voie ce que tu endures. »
Alors je fais ce que je peux.

tante. Et c'est un privilège inouï que d'être le premier à marcher quelque part. Ce n'est pas la gloire qui m'attire. J'aspire simplement à être le vecteur d'une meilleure connaissance du monde. L'objectif que je m'étais fixé, atteindre Dôme C puis Dumont d'Urville, est devenu secondaire. Le plus important est d'ouvrir la voie sans faillir. J'aimerais réussir pour moi, mais aussi pour permettre à d'autres d'aller plus loin.

J'essaie de joindre Kjell sur son Iridium. Comme il ne répond pas, j'appelle le standard de Dumont d'Urville. Là, une dame charmante court à sa recherche, ne le trouve pas, prend un message et me souhaite bon courage. Cette attention de tous les instants me donne un moral de fer. Merci à eux, pour cette générosité, pour cette tolérance vis-à-vis d'un projet auquel ils ne sont pas obligés d'adhérer. Merci pour cette ouverture d'esprit qui génère autant de partage et de sentiments. Par manque de confiance en moi, j'ai passé des années à ériger des barrières pour me protéger. C'est la première fois que ceux qui m'entourent se battent à mes côtés pour me permettre d'atteindre un but. Jusqu'à présent, je craignais d'avoir à gérer des relations humaines au détriment de ma perception du monde extérieur. Je découvre maintenant que les échanges avec les autres décuplent mes forces.

Kjell me rappelle, et nous discutons de la météo.

– L'affrontement entre une haute pression sur le plateau et une basse pression sur les côtes engendre des vents violents, m'explique-t-il. La tendance n'est pas à l'accalmie pour l'instant.

Par sécurité, je décide d'attendre. C'est un peu rageant d'avoir du vent et de ne pas bouger, mais, si je casse quelque chose, ce sera bien plus grave. J'espère que j'ai raison. Je vais faire une petite sieste.

Quelques heures plus tard, les bourrasques sont toujours aussi violentes. Décidément, cette journée, je la passerai sous la tente. Je rappelle Kjell.

— Est-ce que tu as des nouvelles pour le ravitaillement ?

— J'attends un appel ou un fax demain.

— Si je vais assez vite, et si j'en ai besoin à moins de 400 kilomètres de Dôme C, je suis sûre qu'il est possible d'arranger ça avec les Italiens de la base. Ils n'ont pas besoin d'atterrir, il suffit qu'ils me larguent les rations. Ça coûtera beaucoup moins cher que si Adventure Network prend l'affaire en main.

— Je m'occupe de tout, fait Kjell. Pour l'instant, il faut que tu avances, que tu avances, que tu avances !

— Mais je n'ai pas l'intention de rester sous ma tente ! Demain, quoi qu'il arrive, je tente le coup.

— Appelle-moi pour me donner l'heure de ton départ, demande Kjell, un peu anxieux. Je resterai en stand-by toute la journée.

On m'avait prédit un plateau sans obstacles, sous un soleil permanent. J'ai eu jusqu'à maintenant beaucoup de situations différentes : du beau temps sans vent, des nuages, du whiteout, de la tempête... Que me réserve l'avenir ?

*18 décembre 1999*
*83° 34' 56" S – 122° 42' 58"E*
*710 kilomètres du pôle Sud*
*– 32 °C*

Je vais avec le vent, comme un oiseau qui a de trop grandes ailes. Le sol déchiqueté file sous mes skis. Il n'est pas blanc, mais de toutes les couleurs. À certains endroits, les cristaux sont si gros que leurs faces reflètent le soleil. Je glisse sur une rivière de diamants. La neige est parfois dorée, parfois d'un gris soutenu. Ces couleurs conditionnent mes sensations. Quand la surface ressemble au sable du Sahara, je me sens moins vulnérable aux agressions du froid.

Mes yeux s'égarent entre le ciel et les skis. Le traîneau tressaute violemment derrière moi. Je vais avec le vent, vite, trop vite. Mon regard est à l'affût du moindre petit caillou. J'ai l'impression d'être une chercheuse d'or et rêve de pouvoir rapporter des météorites aux scientifiques. Pour l'instant, malheureusement, je n'en ai pas trouvé.

Après de longues heures, mes jambes sont de bois, mes genoux hurlent, et mes pieds sont complètement engourdis. Je m'arrête pour boire et manger quelque chose. J'attache la voile comme d'habitude et m'installe à l'abri du sac de bivouac. Soudain, le traîneau sursaute. Je le sens prêt à bondir. J'émerge, attrape les sangles d'une main et m'efforce, de l'autre, de ranger thermos, vivres et sac. Un coup de vent a soulevé l'ancre et gonflé la voile. Mes précieux biens polaires ont failli s'échapper. Je n'ose m'imaginer seule, sans tente, sans réchaud, sans sac de couchage, la balise Argos donnant rigoureusement à Kjell les positions du traîneau ! Cet incident me sert d'avertissement. Le sol gelé m'interdit les pauses, parce que l'ancre n'a pas de prise sur la glace. Je repars derrière mon impétueuse voile. Elle n'est jamais fatiguée, elle !

Le terrain devient de plus en plus difficile, hérissé de nombreux sastrugis aux arêtes acérées. J'ai l'impression d'être dans un champ de bataille. J'imagine que des hordes de soldats ont combattu ici, tant la neige glacée est déchiquetée. Soudain, mon regard est attiré par un objet sombre suspendu en l'air, juste devant moi. Je me dis que j'ai perdu quelque chose. Lorsqu'il touche le sol, je découvre que c'est un oiseau. Je ralentis, pose délicatement ma voile, m'arrête et le regarde. Il est à quelques mètres, petite boule grise se détachant sur le blanc étincelant de la glace. Je vois distinctement sa tête se tourner vers moi. Il me rend mon regard tout en lissant tranquillement ses plumes.

Mais que fait cet oiseau à un endroit pareil ? Il est à des milliers de kilomètres des côtes. Une tempête a dû l'embarquer et, pourtant, il ne semble pas en perdition. Moment d'une grande beauté, d'une grande émotion, magie d'une rencontre entre deux êtres vivants dans l'immensité glacée du plateau où aucune vie animale et végétale n'est possible.

Je décide de monter le camp. L'oiseau n'a pas bougé. Au moment où je m'apprête à rentrer sous la tente, je le cherche des yeux. Pfft, il s'est envolé. J'aurais tellement aimé qu'il reste auprès de moi.

– Pourvu que, demain, le terrain soit plus facile, dis-je à Kjell au téléphone.

– Comme tu es le premier être à passer par là, je suis incapable de te le dire. J'espère que tu as conscience d'être en train d'écrire l'histoire !

– Figure-toi que je ne suis pas la première.

Kjell se demande si je n'ai pas abusé du Cérécof. Je lui raconte ma rencontre avec l'oiseau.

– C'est sans doute un skua, me fait-il. Une sorte de charognard.

Je lui en veux d'enlever un peu de magie au souvenir de cette rencontre, et lui parle de mes doigts de pied.

– Ils vont mieux. Je crois que je vais m'en sortir sans avoir à prendre mes antibiotiques. Le fait de ne plus utiliser les sacs en plastique et d'avoir enlevé la peau morte m'a permis de commencer à cicatriser. Seul l'un de mes gros orteils garde l'allure d'un morceau de bifteck cru.

*20 décembre 1999*
*82° 00' 40" S – 122° 59' 44"E*
*886 kilomètres du pôle Sud*
*– 32 °C*

Mes efforts pour tenir le cap en gardant la voile dans le vent ont été tels que les muscles de mes avant-bras sont complètement tétanisés. Mes jambes tremblent de fatigue. Mes épaules sont comme broyées. Une douleur lancinante m'irradie les lombaires. S'il ne faisait pas aussi froid, je m'écroulerais sur place.

D'habitude, je m'efforce de choisir un terrain souple et plat, légèrement surélevé au niveau de la tête, pour monter la tente. Là, je me pose où je suis. Avant de calculer ma position, je mobilise mes dernières forces pour préparer un repas. Aujourd'hui, pemmican [1]-purée. Je sors du sachet la boule de pemmican, que la lyophilisation a rendue dure comme de la pierre. Même si je meurs de faim, je dois l'émietter avec un couteau, ce qui me prend une demi-heure, avant de la mettre dans l'eau chaude. Je me coupe les doigts, râle, continue à faire ma tambouille. Ce qui m'attend dans l'écuelle est une bouillie brunâtre, où quelques airelles venues du Grand Nord surnagent au milieu de la viande graisseuse. Je me délecte jusqu'à la dernière

---

1. À l'origine, viande de bison confite dans la graisse utilisée par les Indiens pour ses qualités énergétiques. Aujourd'hui, le pemmican se prépare avec différentes viandes.

goutte, que je lèche à même la casserole. Puis je fais le point, tout en réchauffant contre moi la batterie du téléphone.

— Kjell, combien de bières veux-tu boire ce soir ?

— Oh, oh, uh, uh... Quelle est ta position ?

— J'ai fait 101 kilomètres aujourd'hui.

Kjell hurle de joie. Il est en train de dîner, et toute la salle à manger de Dumont d'Urville partage son enthousiasme. J'entends crépiter les applaudissements. Je fais ma modeste :

— Attention, Kjell, ce n'est pas encore terminé, même si je suis à mi-chemin et que le compte à rebours jusqu'à Dôme C a commencé.

— Il faut que nous reparlions de ton éventuel ravitaillement, dit-il. D'un point de vue pratique, est-ce que tu te nourris bien ? Est-ce que tu manges toutes tes rations ?

— Globalement, j'en consomme les deux tiers, sauf aujourd'hui, où je me suis offert un extra.

Tout en tenant fermement le téléphone, j'essaie de changer de position. Les sastrugis sur lesquels j'ai hâtivement posé la tente pointent sous le tapis de sol, et l'un d'eux, particulièrement agressif, se trouve juste sous mes fesses.

— Faisons un petit calcul, poursuit Kjell, qui, lui, est installé confortablement. Il te reste, en gros, 800 kilomètres à parcourir jusqu'à Dôme C. Si tu fais vingt jours à un peu plus de 40 kilomètres de moyenne, tu atteins la base sans intervention extérieure.

— Oui, mais je suis vraiment tributaire du vent ! Tu sais, je regrette d'avoir si peu progressé pendant la première semaine. J'aurais peut-être pu faire mieux. J'espère n'avoir pas besoin de ce ravitaillement, mais je préférerais que tu le prévoies, au cas où.

— Très bien, fait Kjell. J'aimerais maintenant qu'on discute de tes performances, parce qu'elles sont excellentes.

Je souris intérieurement. Je ne suis pas dupe. Il voudrait me faire dire qu'au fond ce ravitaillement sera superflu. Il sait que, si je le formule, je mettrai tout en œuvre pour qu'il en soit ainsi.

— Pour revenir au problème du ravitaillement... je ne veux pas en parler, par superstition.

— La superstition n'a aucune prise sur moi, réplique Kjell du tac au tac.

— J'ai effectivement le sentiment que je pourrais m'en passer. Bien sûr, ça risque d'être très juste, mais je peux le faire. Pour ne rien te cacher, j'y pense depuis le début. Voilà pourquoi je me rationne. C'est un vrai pari, mais je le prends.

À l'autre bout du fil, Kjell continue ses petits calculs.

— Pour la nourriture, ça devrait aller...

— Je n'ai pas assez de petits déjeuners, mais, avec le reste, j'ai de quoi tenir.

— Et le fuel ?

— J'en ai trois bouteilles pleines.

— Ce qui correspond à peu près à cinq litres.

— Il me faut une bouteille par semaine.

— Donc, ça fait trois semaines.

— Quatre semaines, parce que je peux me rationner un peu.

— En théorie, tu peux tenir jusqu'au 15 janvier.

— Compte trois semaines, par précaution. Côté batteries, j'en ai largement assez pour le GPS, le téléphone et la caméra. Pour les vêtements, gants, chaussettes, j'ai aussi tout ce qu'il me faut.

— Qu'est-ce que tu penses de la laine norvégienne ? demande alors ma « nounou polaire ».

Il m'a fait tricoter des moufles près des îles Lofoten, à l'extrême nord de la Norvège. La vieille dame à laquelle il a confié cette mission a utilisé de la laine non dégraissée. Une fois les moufles terminées, elle les a fait rétrécir en les laissant plusieurs jours dans un bain d'eau froide et en les malaxant régulièrement. La laine est devenue tellement dense que je peux utiliser ces moufles même en plein vent.

— Elles sont très solides et ne s'humidifient jamais à l'intérieur. C'est merveilleux, elles ont sauvé mes mains. As-tu des nouvelles de l'équipe de tournage ?

— Oui, répond Kjell. Jean-Gabriel vient d'arriver à Dumont d'Urville avec Éric, son preneur de son. Ils sont complètement terrorisés à l'idée que tu atteignes Dôme C avant eux.

— Aucune chance, dis-je très fermement. Il reste beaucoup de route à faire. Non, ce n'est vraiment pas possible. Avant d'atteindre Dôme C, il faut que je grimpe et ça va me retarder. Il y a des jours où je ne fais que 7 ou 14 kilomètres...

— C'est ce que je leur ai expliqué, fait Kjell. Mais, si jamais tu parviens à Dôme C avant le Nouvel An, ils me pendent haut et court !

*21 décembre 1999*
*81° 35′ 41″ S − 122° 58′ 11″ E*
*933 kilomètres du pôle Sud*
*− 33 °C*

Ce matin, la tente était parfaitement immobile et le silence presque pesant. En mettant le nez dehors, j'ai découvert une chape de coton. Pas question de partir à la voile, le vent était nul et je ne voyais pas plus loin que la boussole fixée à l'une des spatules.

Avec le whiteout, j'appréhende une nouvelle dimension de l'Antarctique. Il me faut mobiliser tous mes sens pour progresser dans cette sorte de néant où le temps paraît suspendu. Tout d'un coup, je me remémore mon premier saut en parachute par temps couvert. La nappe de nuages s'approchait à toute vitesse, et je redoutais de m'écraser contre elle. Puis, soudain, je m'étais laissé absorber par la matière. En acceptant de perdre mes repères, j'avais trouvé un nouvel équilibre.

C'était au retour de ma première expédition en Antarctique. Deux parachutistes prennent contact avec moi. Ils comptent sauter au pôle Sud et souhaitent obtenir des informations sur les conditions météo. Nous discutons depuis quelque temps lorsque l'un d'eux me demande :

— Vous ne voudriez pas nous accompagner ?

– Pourquoi pas ? Le seul problème, c'est que je n'ai jamais sauté en parachute.

– Qu'à cela ne tienne, Patrick de Gayardon se fera un plaisir d'assurer votre formation.

Me voilà entre les mains du plus grand parachutiste du monde, pour une initiation-marathon. Mes nerfs sont mis à rude épreuve. Je découvre en effet un univers résolument à l'opposé du mien dans la gestion du temps et de l'espace. Par-delà la fascination de la découverte, le parachutisme devient une véritable passion. Je l'ai mise entre parenthèses il y a quelques mois, lorsque j'ai eu la confirmation que je pourrais réaliser cette seconde expédition. Mais je sais qu'à mon retour d'Antarctique je reprendrai l'entraînement. Mon rêve est de battre le record mondial de saut sans oxygène. Je voudrais mettre mon expérience de la très haute altitude, acquise dans l'Himalaya, au service d'une nouvelle discipline.

En attendant, je bataille comme une forcenée sur la calotte glaciaire. J'ai sorti la 24 m$^2$. Elle est beaucoup trop grande. Il faut que je réduise sa portance. Je passe deux heures à tenter de trouver un système. Je tiens une solution quand, soudain, le mousqueton de sécurité s'ouvre. La voile m'échappe. Je me dételle du traîneau pour lui courir après. Idée stupide, mission impossible. Après quelques mètres, je me rends, essoufflée, à l'évidence : la voile a filé.

Dans le whiteout, je risque aussi de perdre le traîneau. Je reviens vers lui à toute vitesse. Prenant la 10 m$^2$, je m'attelle et entame une courte-poursuite derrière la 24 m$^2$. La logique me fait suivre le vent. Je progresse trois quarts d'heure. Je commence à perdre espoir. Brusquement, une tache noire me saute aux yeux. C'est elle. Je la tiens. Un sastrugis a avalé l'extrémité du wishbone. Je le décoince.

Deuxième idée stupide. Poussée par une rafale, la voile s'arrache au sol d'un nouvel élan. Dans un geste désespéré, je me jette à plat ventre sur le wishbone. Capturée, la 24 m$^2$ est ligotée au traîneau.

— La difficulté aujourd'hui, dis-je un peu plus tard à Kjell, c'était de passer de la marche à la voile. Et, surtout, d'avancer avec la 10 m$^2$. Elle ne fonctionne pas. J'ai tout essayé. Il faut absolument que tu joignes Wolf Beringer, le fabricant, pour qu'il me dise ce qui ne va pas. Je crois qu'il y a un problème avec les suspentes. J'ai consacré je ne sais combien de temps à essayer de les bricoler, en vain. J'ai besoin de cette voile. Si elle marchait, j'irais deux fois plus vite.

— Est-ce que tu as essayé de l'utiliser à l'envers ?

Cette question m'énerve au plus haut point. Kjell semble ne pas comprendre la différence entre une voile constituée d'une seule épaisseur de tissu et une voile à caissons [1]. Il aggrave son cas en me disant que « le profil est censé se gonfler ».

— Appelle Wolf.

Kjell fait le sourd et poursuit :

— Il me semble que les suspentes du milieu, et même au milieu du milieu, devraient être un peu plus longues, mais c'est juste mon opinion.

— Appelle Wolf !

— Je vais le faire, répond Kjell, suivant imperturbablement le fil de sa pensée, mais les suspentes du milieu devraient être un peu plus longues sans que les autres soient nécessairement plus courtes.

Au moment où je vais hurler, il déclare :

— Écoute, j'essaie d'appeler Wolf. Il est 9 heures en Allemagne. Je te rappelle dans une heure, d'accord ? De toute façon, il faut qu'on parle du problème avec Argos.

---

1. Voir annexe p. 224.

En attendant, je me pelotonne au fond de mon duvet, cherchant une position supportable pour mon bras droit. Les heures de voile accumulées le sollicitent beaucoup trop. Je me demande comment je vais pouvoir continuer à ce rythme. Je commence à somnoler lorsque le téléphone sonne.

— J'ai joint Wolf, annonce Kjell. Il ne comprend pas ce qui ne va pas. Il a décidé de se mettre en situation et essaie une 10 m$^2$ dans son jardin. Es-tu bien sûre qu'hier ta balise était en marche ?

— Je crois, oui.

— Comme personne n'avait reçu ta position, il y a eu un branle-bas de combat entre la France, le Chili, l'Australie, Patriot Hills et Dumont d'Urville. J'ai eu dix fax et quinze coups de fil me demandant ce qui t'arrivait.

— Il se peut aussi que j'aie oublié de mettre ma balise en route.

— Quoi qu'il en soit, fait Kjell, je ne suis pas content de la manière dont ça se passe. Tes positions me parviennent avec six heures de retard. Ce délai est beaucoup trop long pour pouvoir assurer correctement ta sécurité. De plus, Argos m'a envoyé des positions très fantaisistes, te situant quelque part en Espagne. Apparemment, ils ont eu un problème de logiciel.

— De toute façon, je ne compte que sur moi.

— Ce serait bien si on s'appelait deux fois par jour, au lieu d'une...

Je coupe la parole à Kjell :

— Ah non, ça suffit. Soit je téléphone, soit je progresse, mais je ne peux pas faire les deux en même temps.

Je sais très bien ce que lui refuse d'admettre : s'il m'arrive quoi que ce soit, la technologie ne me sauvera pas. Étant donné la configuration du terrain que je suis en train de traverser, je suis convaincue qu'il est impossible à

77

un avion d'atterrir. Les pilotes, si bons et courageux soient-ils, auraient en effet beaucoup de mal à organiser un vol à cette température et à cette altitude sans repérage préalable.

J'oscille en permanence entre deux sentiments. D'un côté, je me convaincs très fermement que rien ne doit m'arriver et qu'il ne m'arrivera rien. De l'autre, je ne peux m'empêcher de songer par moments que je suis en danger de mort. Là, je pense très fort à mes filles, et je me sens coupable de prendre autant de risques. Mais j'ai appris à me contrôler et à chasser de mon esprit toute pensée négative. C'est quelque chose de mystérieux, d'un peu magique. Je ne suis pas seulement faite de chair et d'os. Ma volonté et mon intuition me sont plus précieuses qu'Argos. La balise est très rassurante pour le monde extérieur. Ceux qui me suivent pas à pas s'imaginent que l'on peut intervenir à tout instant. Moi, je ne me fais aucune illusion.

*24 décembre 1999*
*79° 22′ 08″ S − 122° 59′ 22″ E*
*1182 kilomètres du pôle Sud*
*− 34 °C*

C'est Noël. Un sentiment de tristesse m'envahit, j'ai froid, et, alors que le vent et le terrain étaient bons, j'ai progressé sans plaisir toute la journée. J'appelle mes filles pour les embrasser. Elles sont à Strasbourg, chez leurs grands-parents paternels. Je les imagine en train de préparer le sapin, déplaçant une étoile, rajustant une guirlande. Les paquets enrubannés, disposés autour de la cheminée, enflamment leur imagination et excitent leur convoitise. La tourte à la viande va être mise au four, et je sens le parfum des petits sablés qui finissent de dorer. Je ne suis pas attachée aux fêtes, sauf à celle-là. Avec Céline et Charlotte, j'ai retrouvé le charme de l'enfance.

Après dix heures de progression, je monte machinalement le camp, l'esprit ailleurs, détachée de ce qui m'entoure. Pour la première fois, la solitude me tombe dessus. Je me demande ce que je fais là. Ce dont j'ai besoin, c'est de parler. J'appelle Kjell.

— Art a téléphoné ce matin, dit-il. Il espérait t'avoir directement pour prendre de tes nouvelles, mais ton Iridium n'était pas branché.

— Dommage...

— Avec les treize heures de décalage horaire, ce

n'était pas évident. À part ça, je viens de parler à Patrice Godon, qui voulait connaître ta position.

– Souhaite-lui un joyeux Noël de ma part.

– Joyeux Noël à toi aussi, fait Kjell.

Il a senti, au ton de ma voix, que j'avais du vague à l'âme.

– Je comprends ce que tu ressens, poursuit-il, et je sais que ce n'est pas facile. Noël est un jour spécial. En Norvège, du 24 décembre au 1er janvier, les gens n'arrêtent pas de se parler, de se rencontrer, de s'inviter. Il faut dire que les nuits sont longues...

À Dumont d'Urville comme ailleurs, la fête se prépare. Pris dans l'ambiance, Kjell n'est pas totalement disponible. Je le perçois immédiatement et le vis comme un abandon.

Avant de partir, j'ai noté sur une page de mon journal de bord les coordonnées de ceux que j'aurais envie d'entendre au fil de l'expédition. Le premier coup de fil, je le passe à mes parents. Mes frères et sœurs me parlent à tour de rôle. Lorsque Marianne, la benjamine, me dit : « Nous sommes tous derrière toi, j'espère que tu le sens », les larmes me montent aux yeux. Malgré nos dissensions et nos incompréhensions, je mesure, à cet instant-là, la force des liens du sang.

J'appelle ensuite la Corse et la Haute-Savoie. Bernard Ginas habite Corte. Il y a vingt ans, alors que je débutais ma carrière d'explorateur en parcourant passionnément le GR20, Bernard s'occupait du parc régional. Nous nous sommes connus dans l'un des refuges qui émaillaient l'itinéraire, et il m'a surnommée « dents blanches », parce que je riais tout le temps. Nous ne nous sommes revus que quelques semaines avant mon départ en Antarctique. Je voulais emmener mes filles dans un endroit qui me soit cher. La Corse et un coup de fil à Bernard se sont imposés. Sa femme Josie, son fils Stéphane et lui ne nous ont pas reçues, ils nous ont adoptées. Aujourd'hui, Bernard est à la fois touché que je l'appelle et époustouflé de m'entendre aussi clairement. « C'est toi, Laurence ? C'est vraiment toi ? » répète-t-il. La conversation, brève, s'achève par : « Écoute, on pense tout le temps à toi, on t'aime très fort. » Exactement ce que j'ai besoin d'entendre.

À Mont-Saxonnex, Jacky ne répond pas, mais une permanence téléphonique est assurée dans sa mairie. Je demande des nouvelles des uns et des autres, découvre que chacun est attentif à mon histoire. « Dépêche-toi, Laurence, on est pressés de fêter ton retour à la Bergerie. »

Cette « Bergerie » n'est pas une maison de rêve, mais un rêve de maison. Il y a une quinzaine d'années, quand je grimpais dans l'Himalaya et que je vivais une situation difficile, je me voyais dans un chalet en bois, perdu à flanc de montagne. Je l'imaginais très simple et sobre, avec un feu de cheminée au milieu. Le fantasme a duré des années. Lorsque nous nous sommes séparés une première fois, le père de mes filles et moi, j'ai acheté cette étable inaccessible en voiture, perdue au milieu de la neige en hiver et des fleurs sauvages en été. Elle ressemble à la maison d'Auvergne où, enfant, je passais mes vacances.

Depuis toujours, j'ai la certitude de n'appartenir à rien et que rien ne m'appartient. Sans doute ai-je reçu en héritage le sentiment de déracinement que mes parents ont éprouvé en quittant le Maroc. Le besoin de posséder a beau m'être étranger, il a bien fallu que je m'invente une origine.

Il y a une vingtaine d'années, lorsque j'ai posé mes valises au pied du mont Blanc pour vivre en montagne et partir ensuite vers l'Himalaya, j'ai cru tenir mon point d'ancrage. Mais ma vie à Chamonix a été un peu compliquée par des jalousies et des rivalités. Les relations simples et sincères auxquelles j'aspire, je les ai surtout trouvées à Mont-Saxonnex.

J'ai retapé puis aménagé la Bergerie en prenant mon temps. Aujourd'hui, elle ressemble à ce que j'ai fait, à ce que je suis et à ce que j'aime. Elle est en pierre brute et en bois. Ses fenêtres ouvrent sur la montagne, la forêt et le ciel. À l'intérieur, j'ai supprimé toutes les cloisons, afin d'encourager l'échange et le partage et de satisfaire mon besoin d'espace.

Dans ce « camp de base », où sont réunis le matériel et les photos de mes expéditions, j'ai l'intention d'organiser des stages, des séminaires et des séjours sportifs. Je voudrais montrer le plus beau de ce que j'ai vu et ressenti, transmettre ce que j'ai vécu en haute montagne et dans les déserts de glace, apprendre aux gens à s'intégrer à la nature.

C'est Noël à la Bergerie. Dehors, il neige à gros flocons. Les lampes à pétrole font, dans la cuisine, un jeu d'ombres et de lumières. Au salon, le fourneau en pierre ronronne. Ici, un vent glacé secoue la toile de la tente. Je remets une bûche et sens soudain les flammes qui crépitent me réchauffer les mains...

*25 décembre 1999*
*78° 55′ 243″ S – 122° 54′ 25″ E*
*1232 kilomètres du pôle Sud*
*– 32 °C*

... Par une belle journée tiède, je marche tranquillement en montagne. Parvenue au passage d'un col, je décide de m'arrêter pour profiter du paysage. Au-delà des maisons alignées de part et d'autre de la route s'étend un immense espace vierge. Je lève les yeux et, brusquement, je vois trois ou quatre hommes qui dérivent dans le ciel. Ils approchent du sol à toute vitesse. « Ils vont s'écraser ! » me dis-je. Mais non : d'un seul coup, ils ouvrent leurs parachutes. Juste avant qu'ils n'atterrissent à quelques mètres de moi, je découvre qu'ils sont sur un traîneau. Ce traîneau se pose comme un vaisseau spatial. Les parachutistes le garent en dépit du bon sens entre les voitures des habitants du col, puis s'avancent vers moi.

– Bonjour, dis-je, que faites-vous là ?

– On se promène. Tu veux faire un tour avec nous ?

À ce moment-là, des villageois sortent de leurs maisons et commencent à vociférer, parce que le traîneau a cabossé plusieurs véhicules.

– On s'en va, on décolle tout de suite, disent les parachutistes.

Je les aide à dégager le traîneau. Il est horriblement

lourd. Je pousse, je tire de toutes mes forces. Ça coince, j'insiste et je finis par me faire très mal au bras droit.

Soudain, je me réveille en sursaut. C'était un rêve, mais la douleur, elle, est réelle. Au prix d'efforts considérables, je me redresse et m'assieds sur le matelas de mousse. Je tente de remuer les doigts. Rien. Mes muscles ne répondent plus. De la main gauche, j'attrape mon poignet droit. Un élancement d'une incroyable violence, comme une décharge électrique, irradie dans tout mon bras. Je hurle, je sanglote, j'appelle au secours. Jusqu'ici, je me suis battue, mais, là, je n'en ai pas la force, je n'en peux plus, je vais mourir.

Quelques minutes plus tard, je trouve la trousse de secours et me gave d'antalgiques et d'anti-inflammatoires. Les médicaments m'assomment un peu. Je somnole une demi-heure. Et, brutalement, ça recommence. La douleur est si lancinante qu'elle me fait presque perdre la tête. À 5 heures du matin, je suis totalement désespérée. Kjell dort, je ne veux pas le réveiller. Comme c'est le soir à Paris, j'appelle Catherine, qui prend immédiatement la mesure du problème.

– Téléphone à Montpellier, là où j'ai fait les tests médicaux, lui dis-je.

– Je m'en occupe tout de suite.

– Non, téléphone d'abord à Alain Richard. Il est médecin du sport à Chamonix.

Quelques minutes plus tard, Catherine me rappelle. Elle a réussi à joindre Alain, qui me connaît bien et a préparé la pharmacie. Il lui a posé une série de questions. Elle essaie de me faire dire précisément où j'ai mal, me demande si je peux remuer les doigts, si je sens une inflammation, si la douleur augmente ou régresse lorsque je suis couchée ou assise...

– Je transmets tout ça au docteur Richard et je te tiens

au courant. Tu vas sans doute avoir un coup de fil de Montpellier, j'ai laissé un message.

Effectivement, un médecin me téléphone. Il m'annonce qu'il ne peut rien pour moi, mais qu'un de ses amis, qui soigne les véliplanchistes, sera certainement en mesure de m'aider.

Prostrée, j'attends. À 7 heures du matin, j'ai de nouveau Catherine en ligne.

— Alain pense que tu souffres d'une inflammation de la gaine nerveuse au niveau de l'avant-bras, due à l'utilisation intensive de la voile, me dit-elle.

— Que dois-je faire ?

— La seule solution, c'est le repos.

— Écoute, Catherine, c'est impossible. Il faut que j'avance.

Très doucement, j'essaie de remuer les doigts. Un nouvel élancement me traverse le bras. En larmes, j'appelle Kjell. Il est le seul avec lequel j'ose me laisser aller.

— Ton corps réagit, et il faut que tu respectes ses réactions, me dit-il. C'est un signal d'alarme avant que ça ne casse. Tu as fait un nombre de kilomètres considérable ces derniers jours, tu as cumulé stress physique et stress psychologique. Il faut savoir s'arrêter.

— Pas maintenant. Ce n'est pas le moment.

Kjell respecte ma décision, parce qu'il comprend qu'elle est sans appel. Il me sait sur la corde raide, mais me fait confiance.

— Si tu as mal, rappelle-moi, ne serait-ce que pour hurler de douleur et de colère. Ça fait du bien d'être entendue, et tu sais que je suis là pour ça.

— J'ai failli t'appeler en pleine nuit et je me suis retenue !

— Tu as eu tort.

– Je vais essayer d'être prudente, de me servir de mon bras droit au minimum, ça devrait s'améliorer.

– Laurence, fais bien attention, sinon il faudra que tu deviennes une buveuse de bière de la main gauche.

Kjell me fait rire. Notre conversation m'a rendue plus forte. Lentement, comme une convalescente, je plie la tente, range les affaires. Je parle à la neige et au vent, je me parle pour me rassurer. « Prends ton temps, tout ira bien, il n'y a pas de problème. » Jusqu'à présent, je me disais : « Ferme ta gueule et va jusqu'au bout. » En admettant que je n'en peux plus, en me traitant avec ménagement, je crée les conditions psychologiques indispensables pour me remettre en route.

Le vent est dans le bon sens, il fait grand beau, le terrain est magnifique. Timidement, je lève la voile, elle se gonfle délicatement et m'entraîne tout doucement, comme si la nature et le matériel estimaient que je mérite un peu de compassion. Le bras posé sur le wishbone, je me laisse porter, en étroite connivence avec ce qui m'entoure. Au début, le vent est très doux. « Ça va mieux, maintenant, lui dis-je. Tu peux augmenter un peu. » Il forcit juste assez pour donner davantage d'élan à la voile. Sous les skis, la neige est souple et douce. Je navigue dans une lumière diffuse et j'ai le sentiment que la nature m'accompagne.

En quelques heures, je suis passée du cauchemar au rêve. Il doit y avoir là-haut quelqu'un qui me voit et m'écoute. Ce n'est pas possible autrement.

*26 décembre 1999*
*78° 26' 55" S – 122° 52' 08" E*
*1285 kilomètres du pôle Sud*
*– 36 °C*

C'est la guerre. Le vent a tourné. Il n'est plus perpendiculaire par rapport à ma trajectoire, mais légèrement de face. En ouvrant la tente ce matin, je me suis dit qu'il y avait très peu de chances que je puisse partir à la voile. Dès lors, deux possibilités s'offrent à moi : soit je chausse les skis à peau de phoque et pars à pied, soit je tente quand même le coup, au risque de perdre un temps précieux.

Je sors la 20 m$^2$. Pendant deux heures, je me bagarre pour la réduire tout en conservant une bonne stabilité. Lorsque je démarre, je me rends compte que la voile est encore trop grande par rapport à la puissance du vent. Il m'embarque malgré moi dans une mauvaise direction. Je ne fais pas le poids et suis contrainte de m'arrêter.

J'affale, fixe la voile sur le traîneau ancré dans la glace, me détache. Je contourne la toile pour l'étouffer. À l'aide d'un élastique, je la transforme en un petit ballot qui n'a plus de prise au vent. Dès lors, je peux sans risque la détacher du traîneau, rouler les suspentes autour du wishbone et installer la 10 m$^2$. Je me positionne pour la gonfler. Rien ne se passe. Elle daigne à peine frémir. Je devrais renoncer, partir à pied, mais je m'acharne et ressors la 20 m$^2$. Cette fois, j'expérimente une autre tactique, qui consiste à fermer les caissons du milieu en rassemblant les suspentes dans un petit mousqueton. Il me faut, une fois de plus, retirer les gants et travailler à mains nues. La droite d'abord. Au bout de quelques secondes, elle commence à se paralyser. Je la remets à l'abri, utilise la main gauche, enfile de nouveau les gants... Et ainsi de suite, jusqu'à ce que la manipulation aboutisse. Nouvelle tentative de démarrage. La voile se gonfle, mais n'est pas suffisamment stable. Nouvel arrêt, nouvelle séance de bricolage. J'ai de plus en plus froid. Si ça ne fonctionne pas cette fois-ci, il faudra abandonner.

Miracle, me voilà partie. Arc-boutée entre les skis et la voile, j'exerce le plus de pression possible sur la neige afin de tenir mon cap. Le harnais me cisaille les hanches, le wishbone m'arrache les bras, et j'ai le dos complètement tordu. Je suis obligée de m'arrêter toutes les dix minutes, les muscles tétanisés par l'effort surhumain que je leur fais subir.

« Cette fois-ci, je monte le camp », me dis-je à chaque pause.

Et je repars, encore et encore.

Il est 17 heures. Tremblant des pieds à la tête, je m'arrête. J'ai réussi à parcourir 53 kilomètres dans les conditions les plus difficiles qui soient. C'est un sacré pas vers Dôme C, mais je sais que je vais le payer très cher. J'ai à nouveau de vives douleurs dans le bras.

– Il te reste moins de 400 kilomètres à parcourir, s'exclame Kjell lorsque je lui donne ma position. C'est formidable, Laurence, personne n'est jamais allé aussi vite que toi. Dire qu'il y a trois jours nous organisions le ravitaillement avec les Italiens...

– C'était bien que tout soit au point, même si maintenant je n'en ai plus besoin. As-tu des nouvelles de Patrice Godon ?

– Oui, j'ai eu une longue discussion avec lui hier, concernant différentes hypothèses.

Patrice Godon est le responsable technique du raid de l'Institut polaire. Ce « train des glaces », composé d'une dizaine de tracteurs à chenillettes, doit acheminer du matériel lourd entre Dumont d'Urville et Concordia, base en construction à Dôme C. Il transporte ainsi, chaque saison, au cours de trois aller et retour, une charge utile de 450 tonnes.

Dans le cadre de mon partenariat avec l'Institut polaire, le raid est chargé d'assurer ma sécurité sur les 1 100 derniers kilomètres de l'expédition. Il est donc capital que sa progression soit en phase avec la mienne.

– Ce qui est prévu pour l'instant, poursuit Kjell, c'est que le raid atteigne Dôme C vers le 31 décembre. Cela dit, il n'est pas sûr qu'il tienne sa moyenne. La dernière fois, il lui a fallu quinze jours pour faire le trajet.

– Combien de temps doit-il rester à Dôme C ?

– Normalement, il repart le 2 janvier, le 3 au plus tard. Si tu rates ce raid, il te faudra attendre le prochain jusqu'au 2 février.

– Je ne serai jamais dans les délais.

– Laurence, je sais ce dont tu es capable. Je ne veux pas trop te stresser, mais ça vaudrait la peine que tu tentes d'accélérer au maximum. Si, dans quelques jours, il apparaît impossible que tu parviennes à Dôme C dans les temps, nous en rediscuterons. Il est inutile de prendre des risques, mais ça va se jouer à peu de chose près.

Jusqu'ici, j'ai géré ma progression en toute liberté. Soudain, j'entre dans le moule d'un timing serré. J'entame une course contre la montre avec une armada de tracteurs polaires. Cela me semble paradoxal. Il va bientôt falloir que j'attaque l'ascension de Dôme C. Les scientifiques et les techniciens de la base m'ont tous parlé des « sables mouvants », cette neige molle propice aux enlisements que l'on trouve en altitude dans les zones les plus froides. Je ne rattraperai le raid que si les éléments se mettent de mon côté. Ma chance s'appelle le vent.

– Ton cap est toujours excellent, fait remarquer Kjell.

– Tu n'imagines pas le mal que je me donne pour le tenir ! Aujourd'hui, c'était inhumain. J'espère que, demain, j'aurai du vent arrière.

– J'ai consulté deux cartes météo, et c'est ce qu'elles semblent indiquer.

– Cet après-midi, la dépression m'est passée sous le nez. Elle allait très vite. Je l'ai clairement vue venir à gauche, décrire un arc devant moi et partir à droite.

– Il faut aussi tenir compte des vents catabatiques [1]. En théorie, ils prennent naissance aux points culminants de la calotte polaire, coulent sur la glace à très basse altitude et accélèrent au fur et à mesure qu'ils se rapprochent des côtes. En pratique, ces vents évoluent constamment en fonction du relief. Le mieux, c'est de les étudier sur le terrain.

Je pense soudain que je suis passée sous le dôme de Vostok. C'est l'une des raisons pour lesquelles j'ai eu ces vents-là. La base russe reçoit régulièrement Jean-Robert Petit, l'initiateur des carottages. Il m'a envoyé il y a deux ou trois jours, par l'intermédiaire de Catherine, le message suivant : « Chère Laurence, accrochés à Internet pour suivre vos exploits comme vous l'êtes sans doute à votre wishbone, nos pensées vous accompagnent. Pour fêter Noël dans une ambiance inoubliable, pourquoi ne pas faire une virée à Vostok ! Vous verrez, c'est là où il y a de grands derricks de forage, seulement à quelques bordées de votre position, sur votre gauche, au sommet de la côte. On

---

1. Voir annexe p. 210.

dit qu'ils ont un vin chaud et un accueil qui valent le détour. Joyeux Noël, et tenez bon. »

Tandis que je souris intérieurement, Kjell poursuit son exposé sur les vents catabatiques.

— Il est question que des scientifiques viennent ici l'année prochaine et installent une station météo à Dôme C, mais je crois qu'il faudrait cent stations et des mesures continues pour comprendre le phénomène.

— Bon alors, demain, j'aurai vraiment du vent arrière ?

— Très certainement, si on se fie aux cartes.

— Hier, tu me disais déjà ça, et j'attends toujours...

— Je vais essayer de faire de la meilleure magie ! Comment est le ciel ?

— Dégagé. Très beau. Je n'ai jamais eu ce temps-là, un ciel bleu et beaucoup de vent.

— Avec du beau temps, les conditions de vent vont sûrement être meilleures.

— Si tu pouvais dire vrai ! Je t'embrasserais dix fois... au moins !

Nous éclatons de rire.

— Mon rêve, dis-je, c'est un bon vent trois quarts arrière, qui me permettrait d'avancer sans forcer. Je n'en peux plus de me battre pour gagner chaque mètre...

Le téléphone grésille, crachote. La ligne est brouillée quelques secondes, puis je retrouve la voix de Kjell.

— Tu es là ? interroge-t-il.

— Oui, je t'entends.

— Tu sais, Laurence, on me demande souvent pourquoi tu fais ça.

Cette question m'énerve au plus haut point. Est-ce qu'on demande à un oiseau pourquoi il éprouve le besoin de voler ?

*27 décembre 1999*
*77° 32' 43" S – 122° 51' 24" E*
*1386 kilomètres du pôle Sud*
*– 31 °C*

La magie de Kjell a opéré. Tout au long de la journée, le vent est idéal, trois quarts arrière, parfait pour la 20 m². La neige est douce, avec de très petits sastrugis, la température s'est nettement améliorée. Lancée à pleine vitesse, j'ai l'impression de me dédoubler, de me voir à distance, et je me dis que c'est complètement dingue de glisser comme ça.

Je n'ai pas envie d'interrompre cette course folle, mais il faut quand même que je m'arrête pour boire et manger un petit peu. Je sors du traîneau mon sac de bivouac. Une rafale me l'arrache des mains.

Impossible de me passer de ce sac. Il me protège du vent à chacune de mes pauses. Je me précipite sur la voile et pars à sa poursuite. Il a filé et disparu à l'horizon. Pour une fois, je rêve d'un obstacle, mais la glace est désespérément lisse.

Je vais avec le vent, épiant les signes comme un Indien sur le sentier de la guerre. Au bout d'une heure, j'aperçois soudain le sac bondissant sur la neige. L'objectif est maintenant de couper sa route pour le capturer au vol. Modifiant légèrement ma trajectoire, je m'approche le plus vite possible en priant le ciel pour ne pas tomber. Voilà mon sac de bivouac à portée de main. Je m'immobilise brutalement devant lui, affalant tant bien que mal, et m'accroupis. Ça y est, je le tiens. Je le coince dans la combinaison et reprends mon cap.

Il est hors de question que je perde du matériel. Tout ce que j'ai emporté m'est absolument indispensable. Je regrette amèrement la caméra et le thermos, éjectés il y a peu de temps du traîneau, en pleine vitesse, sur les sastrugis.

Heureusement, mon arrivée à Dôme C est imminente.

Alors que je partais pour Punta Arenas, Kjell, lui, ralliait Hobart avec une centaine de kilos de vivres et de matériel de rechange pour l'embarquer sur l'Astrolabe, le bateau de l'Institut polaire, jusqu'à Dumont d'Urville. Avant de confier ce chargement au raid, il me fait confirmer ce dont j'aurai besoin pour la seconde étape de mon expédition.

– Il y a des vêtements civils, genre jeans, je les garde à Dumont d'Urville ?

– Oui.

– As-tu besoin d'une paire de skis supplémentaire ?

– Pour l'instant, ça va. Mais au cas où ça casse... tu peux les ajouter au ravitaillement.

– Et l'autre tente Ferrino ?

– Oui, au cas où.

– Il y a aussi une batterie Hewlett-Packard sur laquelle il est écrit : rechargeable, nickel magnésium...

– C'est pour la nouvelle caméra ?

– Je ne sais pas. Elle n'est pas lourde, je la mets dans le lot.

– Si tu veux, mais il me reste deux batteries au lithium que je n'ai pas utilisées.

– Elles sont tellement performantes ! Tu pourrais te

faire une chaise électrique... Et la paire de ski boots que Martial t'a envoyée ?

— Je ne pense pas en avoir besoin. Il me faudrait plutôt de gros chaussons en laine.

— J'ai les miens. Ils sont plus épais que les tiens...

— J'aimerais bien que tu me les files !

— Est-ce que j'ai entendu « s'il te plaît », ou pas ?

— Oh, s'il te plaît ! ! !

— Tu les portais tout le temps dans la cuisine à Nikalokta, tu te rappelles ?

J'ai gardé un souvenir cocasse de nos semaines d'entraînement à l'extrême nord de la Norvège. Kjell et moi avions dîné avec deux Lapons chargés de la surveillance des faucons de la région. Au terme d'une soirée bien arrosée, ils nous proposent d'aller visiter leur cabane perdue dans les montagnes. Nous voilà partis à l'aventure, en pleine nuit, sur la neige sans traces. Au bout d'une heure, nous atteignons la cabane en question. La fumée s'échappe du fourneau central. Nous attaquons notre deuxième dîner. Ils sortent des sachets de leur congélateur – un trou dans la neige – et nous concoctent, à la lueur des lampes à pétrole, un festin de renne grillé. La bière coule à flots et les langues se délient. Vers 2 heures du matin, Kjell et moi décidons de rentrer, mais comment ? Et par où ? Nos hôtes titubants se précipitent sur les motoneiges. Le plus jeune, d'autorité, me fait monter derrière lui. Nous partons tous deux dans la nature sauvage. Tout d'un coup, mon chauffeur me propose de conduire. Malgré mes dénégations, il s'installe derrière moi. Pendant ce temps-là, Kjell et l'autre Lapon ont pris le large. Je démarre. Après quelques bonds successifs, je sens des mains habiles tenter de se glisser dans ma combinaison hermétiquement fermée. Je m'arrête pour faire comprendre au jeune Lapon que je ne suis pas celle qu'il croit. Il reprend les rênes de la motoneige. Quelques mètres plus loin, il soulève le capot du moteur, me fait le coup de la panne et me projette dans la neige. Il fait − 25 °, je me relève et lui laisse entendre que Kjell va certainement rebrousser chemin pour me retrouver. Tout penaud, le Lapon remet son moteur en route et me ramène, saine et sauve mais un peu hirsute, à Nikalokta...

Ce soir, sous la tente, pas de renne grillé, mais du pemmican. Avant de me mettre en cuisine, je passe un coup de fil à Kjell. J'ai hâte de savoir quel temps il fera demain.

— J'ai discuté avec Jean-Claude du terrain et de l'effet catabatique, m'annonce-t-il. Selon lui, le vent pourrait tourner demain et venir du nord-est.

— Ah non, pas ça ! Pas du vent de face !

— En fait, il y a une haute pression devant toi sur la droite et des basses pressions un peu sur ta gauche. Jean-Claude pense qu'à cause de la haute pression venue du pôle Sud et qui passe sur ta route le vent peut changer. Je n'y croirai pas tant que je ne l'aurai pas constaté. Je suis allé voir l'autre météorologiste, Michel, qui est le nouveau chef de base. D'après lui, tu devrais avoir demain le même vent qu'aujourd'hui. Mais il est difficile d'extrapoler à partir des informations du ballon-sonde, qui effectue ses relevés à cinq cents mètres. Il y a une nette différence entre ce qui se passe à cette altitude et ce qui se passe au ras du sol.

— En résumé, quelle est ton impression ?

Kjell réfléchit un instant.

— Tu n'es plus très loin de Dôme C, et Jean-Gabriel m'a appelé, hier soir, pour me dire que, là-bas, le vent était de sud-sud-est depuis six à huit jours. Il n'y a pas de raison pour que ça change. Par ailleurs, les conditions de neige sont excellentes.

— Ce que je remarque sur le terrain correspond à ce que tu décris, dis-je. En plus, je grimpe doucement et la neige est souple. C'est nettement plus confortable pour les jambes et les genoux.

— Et ton bras, comment va-t-il ?

— Hier, j'avais tellement peur d'avoir mal que j'ai pris le médicament recommandé par Thierry pour relaxer les muscles. J'hésitais, parce qu'il m'avait précisé que ça endormait un peu, mais j'ai fini par craquer ! Du coup, j'ai passé une bonne nuit. Je pense que je vais en reprendre ce soir. Je redoute vraiment que la douleur ne se réveille.

— Thierry a compris qu'il était hors de question que tu t'arrêtes. Il sait ce qui est mauvais pour ta santé et ce qui ne l'est pas. Ton inflammation a beau être douloureuse, elle ne met pas ta vie en péril.

— D'accord, Kjell, mais une douleur trop forte, ça rend fou. Pendant les trois heures où j'ai le plus souffert, j'étais prête à faire n'importe quoi. Y compris à me casser le bras.

— Je suis content que tu aies du caractère, ça te pousse comme un moteur turbo !

— Tu sais, si la douleur se réveille et m'empêche de dormir, je continue d'un seul trait jusqu'à Dôme C.

*29 décembre 1999*
*75° 52' 59" S – 122° 54' 22" E*
*1578 kilomètres du pôle Sud*
*– 31 °C*

La neige est de plus en plus belle, le sol s'aplanit, les obstacles disparaissent. Le vent, puissant et régulier, semble avoir décidé de me mener sans encombre jusqu'à Dôme C. Comment les gens seront-ils, là-bas? L'Antarctique enseigne la modestie et l'humilité. Dans un monde de consommation et de compétition, où les relations humaines sont souvent entachées par la jalousie et le dénigrement, je mesure avec acuité le privilège d'être sur cette terre de science et de paix.

Après dix heures de progression, je m'installe enfin sous la tente. Aujourd'hui, je crois que je vais m'offrir une double ration pour le dîner. Je fais fondre la glace sur le réchaud et, lorsque l'eau est bouillante, je la verse sur la poudre lyophilisée. Cela donne une telle quantité de nourriture que je me demande si je n'ai pas eu les yeux plus gros que le ventre. Mais je me régale jusqu'à la dernière bouchée en exprimant bruyamment, à travers diverses onomatopées, mon intense satisfaction. Parfaitement repue, j'appelle Dumont d'Urville.

— Quatre-vingt-dix-neuf kilomètres, aujourd'hui! J'ai pensé que je pouvais me permettre un petit extra. Je crois que j'ai un peu forcé la dose. Je ne peux plus bouger, mon estomac soulève mes côtes et j'ai du mal à respirer. Mais c'était tellement bon !

– Mange autant que tu veux, ne te rationne plus, dit Kjell en riant. Je suis content que tu apprécies ce que je t'ai préparé. Rappelle-toi, ça a été une sacrée aventure...

J'ai quelques frissons en me souvenant de ce qui s'est passé quelques jours avant le départ de l'expédition. Catherine me présente un jeune « chef » susceptible de cuisiner mes rations alimentaires. Sans savoir pourquoi, j'ai quelques réticences à travailler avec lui. Néanmoins, prise par le temps, je ne peux pas me permettre de faire la fine bouche. Nous finissons par nous mettre d'accord sur cinq types de plats qu'il s'engage à préparer dans les cuisines d'un grand traiteur parisien, présenté en tant que « partenaire » dans sa brochure. C'est pour moi un gage de professionalisme et de sécurité. Mais, lorsque Kjell débarque à Paris pour superviser l'opération, il découvre un changement de programme : les plats seront confectionnés au domicile du chef, le traiteur ayant finalement refusé de mettre ses locaux et son matériel à disposition.

Mon radio-opérateur s'inquiète des conditions sanitaires et m'alerte aussitôt, mais c'est trop tard. La lyophilisation doit se faire en Belgique, le rendez-vous est pris, impossible de le changer.

Kjell embarque sans le moindre enthousiasme les plats préparés et, après un instant d'égarement dans les méandres du périphérique parisien, rallie Bruxelles à toute vitesse. Le laboratoire belge récupère les rations. Devant l'aspect douteux de certaines d'entre elles, il prend l'initiative de procéder à quelques analyses. Nous apprenons avec horreur qu'une bonne partie des aliments est infestée de salmonelles et autres bactéries. Que faire ? Nous décidons de prendre le risque de garder ce qui semble sain, et Kjell se met en quête de saumon fumé et de pemmican pour remplacer les rations détruites. Grâce à sa vigilance, j'ai échappé au pire. Mais, chaque fois que j'absorbe un plat cuisiné par le chef, j'ai l'impression de m'intoxiquer un peu. Ce n'est pas très bon pour le moral.

– Et les biscuits trempés dans l'huile, ils te plaisent ? demande mon ange gardien.

– Ils sont délicieux. Et très énergétiques. C'est incroyable, la quantité de graisse que j'ingurgite chaque jour ! Quand il fait froid, j'ai vraiment besoin de beaucoup de calories. Alors que, pendant la première expédition, je m'étais sous-alimentée, cette fois-ci, je crois que je me nourris bien et que je n'ai pas perdu trop de poids. Je me sens en bonne condition physique.

– De toute façon, tu es presque à Dôme C, maintenant.

– Je n'y croirai que quand je serai à... disons, 10 kilomètres. Est-ce que Patrice est encore loin ?

– Non, il doit arriver cette nuit.

– Quoi ! Cette nuit !

– Oui, mais il va rester jusqu'au 2 janvier. Figure-toi qu'il avait horriblement peur que tu n'arrives avant lui. Du coup, il a mis le paquet. Le raid a roulé presque jour et nuit.

– J'espère qu'il va m'attendre.

– Je pense que oui, mais dépêche-toi. Patrice ne peut pas prendre trop de retard, au risque de rater la rotation suivante. Il a encore plusieurs dizaines de tonnes de matériel à apporter pour la construction de Concordia.

– As-tu des nouvelles de Jean-Gabriel ?

– Il vient d'appeler pour me dire qu'aujourd'hui il faisait – 32 °C à Dôme C, avec un vent sud-sud-ouest de cinq mètres par seconde. C'est bon pour toi. Il a rayonné tout autour de la base. D'après lui, la neige est ferme, avec de tout petits sastrugis. Il n'a pas trouvé trace de ces « sables mouvants » contre lesquels on t'avait mise en garde. En fait, comme les gens de la base se déplacent par des moyens lourds, ils ne se rendent pas compte que tu n'as ni la même perception ni les mêmes impératifs qu'eux. Dans tous les cas, le terrain semble bien meilleur que tout ce que tu as connu jusqu'à présent.

— Pourrais-tu me confirmer la position exacte de la base ? Ce serait bête de la rater !

— Téléphone à Jean-Gabriel, il est mieux placé que moi pour te l'indiquer. Pendant que j'y pense... Catherine voudrait savoir si tu es prête à donner des interviews.

— Pas avant d'être arrivée à Dôme C. Il me reste encore 86 kilomètres à faire, je ne crois pas que ce soit possible en une journée. Si le vent tombe...

— Nous verrons. Ce qui s'annonce pour demain est caractéristique : les basses pressions se rapprochent de la côte et les hautes pressions sont au-dessus de la mer. Apparemment, les vents vont rester les mêmes.

— Tant mieux, dis-je en réprimant un bâillement.

— Passe une bonne nuit et fais de beaux rêves. Tu dois être épuisée. Moi, je suis fatigué rien qu'en courant à travers la base dans tous les sens !

Mes conversations du soir avec Kjell, si courtes soient-elles, sont devenues essentielles. Il est toujours là quand il faut, comme il faut. Il a cette générosité de pouvoir se consacrer à l'autre sans jamais empiéter sur son territoire. Notre histoire est étrange, et notre amitié au-delà des mots.

*30 décembre 1999*
*75° 06' 00" S – 123° 23' 00" E*
*1664 kilomètres du pôle Sud*
*– 33 °C*

Depuis plusieurs jours, je me bats comme une bête pour arriver à Dôme C avant que Patrice reparte. S'il me fallait attendre le prochain raid, début février, pour commencer la seconde partie de l'expédition, je courrais le risque que le temps se dégrade, que le froid augmente parce que j'approcherais de l'hiver. L'été austral est extrêmement court; quant au printemps, on raconte en Antarctique qu'il ne dure qu'un après-midi ! Je dois dire aussi que cela me ferait plaisir de passer le Nouvel An à la base.

Au départ du pôle Sud, je n'envisageais plus cette possibilité. Je l'avais même carrément abandonnée. Depuis, au fur et à mesure de ma progression que Kjell qualifie de « fulgurante », je me suis mise à espérer.

Désormais, tout va se jouer à un jour près, peut-être même à quelques heures près. Je n'aime pas cette pression. J'ai en permanence le sentiment d'être sur la corde raide. La moindre erreur, la plus petite faute d'inattention, le vent qui faiblit... et tout peut basculer. C'est difficile d'avoir à intégrer les impératifs d'un monde dont on a perdu les repères. Le temps n'a plus la même signification pour moi, et j'ai du mal à respecter le « timing » qui m'est imposé.

En outre, j'essaie de trouver le juste équilibre entre la nécessité de rester en permanence en alerte, pour faire face au danger, et celle de ne pas m'abîmer dans des pensées négatives qui risqueraient de m'affaiblir. Jamais la peur de la mort ne m'a autant effleuré l'esprit. Malgré moi, j'imagine quelqu'un annonçant à mes enfants : « Votre mère ne reviendra plus. » Je chasse cette image de ma tête en me traitant de triple imbécile et continue à progresser.

Suspendue derrière la voile, les genoux en compote, je touche au but. Quatre journées à pied, ou une journée de voile d'ici Dôme C. Ce matin, au réveil, je suis tendue, un peu perdue. Il me semble que le vent est contre moi. Pour me donner un brin de moral, je me maquille légèrement, histoire de ne pas ressembler à une femme préhistorique au sortir de sa caverne. Ma dent cassée me fait un sourire un peu ébréché, mais j'ose espérer que mes hôtes de Dôme C me pardonneront cet aspect « rustique ».

Avant de partir, j'appelle Kjell pour lui faire part de mes angoisses. Il les comprend. Ni lui ni moi n'arrivons à accepter qu'une partie de l'histoire soit déjà derrière nous. Tout est allé si vite ! J'aurais dû en être consciente plus tôt. Mais j'étais prise au piège de mes incertitudes.

– Tu sais, lui dis-je, j'ai le sentiment, même si ce n'est pas encore fini, de revenir d'un autre monde. C'est un peu comme si j'allais débarquer de la Lune. C'est très profond, très intense.

– Il me semble que nous sommes l'un et l'autre un peu tristes, me répond-il. C'est ce que tu as fait de plus fort dans ta vie.

– Oui, absolument. C'était tellement impressionnant de penser que j'étais la première à passer par là ! Cela a provoqué en moi une foule de réactions. J'avais parfois envie de pleurer, parfois envie de crier, parfois envie de rire, ou simplement de dire merci. La neige et la glace peuvent avoir tellement de formes différentes et une gamme de couleurs inimaginables. Je ne crois pas que l'on puisse voir cela ailleurs. Et cette fabuleuse sensation, lorsque j'allais avec le vent... Cet ennemi est devenu mon allié le plus sûr. Il m'a tellement aidée ! La nature m'a donné le meilleur d'elle-même, comme un cadeau. J'ai fait de mon mieux, elle a fait le reste.

– Ce que tu donnes à la nature, elle te le rend au centuple.

– C'est vrai. Comment sera le vent, aujourd'hui ?

Jean-Claude vient à la rescousse pour confirmer que je devrais avoir une bonne journée, avec une brise de trois quarts arrière. Je ne parviens pas à me persuader totalement que je touche au but et reprends ma conversation avec Kjell.

– Pouvoir te parler quotidiennement fait que tu appartiens complètement à mon histoire. C'est incroyable de partager quelque chose d'aussi fort à travers les ondes.

– Je pense à toi nuit et jour, répond-il. Lorsque tu as un problème, je ne peux pas dormir. Je ressens tout ce que tu éprouves. Ce que tu ne dis pas, je le devine. Je suis plus proche de toi que des gens de Dumont d'Urville alors que je les côtoie à chaque instant. Cela aussi, c'est un cadeau.

Nous restons muets un instant, la gorge nouée par l'émotion. Lorsque je reprends la parole, c'est pour rappeler à Kjell que l'expédition est encore loin d'être terminée.

– Il faut déjà que j'atteigne Dôme C et, ensuite, que je rallie la côte. Un long chemin m'attend...

– Je sais. Ce sera autre chose. Le plus important est de garder l'esprit de la première partie de cette expédition. Ça ne sera pas facile, non pas à cause de toi, mais à cause des autres. Souviens-toi de ce qui s'est passé il y a trois ans, après ta première traversée en Antarctique. Les gens t'ont dépossédée de toi-même. Je ne veux pas que cela se reproduise. Cette histoire est trop belle. Personne ne doit l'abîmer.

– Ma précédente expédition m'a servi de leçon, dis-je. Cette fois, la situation est différente. J'ai confiance dans mon entourage. Il ne faut pas que tu t'inquiètes trop.

– Je ne m'inquiète pas de tes bras, de tes jambes, de tes gelures, de ton équipement. La seule chose qui m'importe, c'est que tu gardes l'état d'esprit dans lequel tu es en ce moment. Garde-le, Laurence, il te permettra d'aller au bout du monde.

Je sais que Kjell a mis l'accent sur un élément crucial. Mon arrivée à la station franco-italienne va bouleverser l'équilibre magique que j'avais trouvé. Ce n'est plus le moment d'y penser ni d'en parler. Il faut que je parte maintenant, si je veux avoir une chance d'être dès ce soir à la base. Le cœur battant, je range fébrilement mes affaires. Je plie la tente et ouvre une voile. Le départ est lent, j'ai peur que le vent ne tombe. Et puis, peu à peu, ma vitesse augmente. Le terrain est comme une voie royale qui me mène inexorablement vers Dôme C. La neige est douce, étincelante sous le rayonnement du soleil. Il fait presque bon. J'ai l'impression d'être au paradis. Le paysage est d'une beauté sans limites. Je laisse mes yeux, écarquillés derrière le masque, se remplir de cette vision. Ne rien perdre de ce qui m'entoure. Me sentir immensément libre. Glisser, voler, je ne sais pas... Je voudrais que cela ne s'arrête jamais.

Mon corps ne m'appartient plus, et il me faut un vrai effort de volonté pour appeler Jean-Gabriel. Il veut venir à ma rencontre à quelques kilomètres de la base et filmer l'arrivée. Pour que ma trajectoire soit directe, je rectifie le cap et indique le nouvel azimut au réalisateur. Éric et lui devraient ainsi me retrouver facilement.

Le vent a un peu tourné. Il vient presque de l'arrière, ce qui me ralentit. Pour aller plus vite, je prends la 24 m². Je ne m'en sors pas très bien. Des suspentes cassent, que je répare à la va-vite. Les nœuds successifs ont fini par réduire la longueur de certaines d'entre elles, si bien que je ne parviens plus à maîtriser la voile, à la tenir en l'air. Je m'énerve et dois lutter contre une envie de pleurer.

Me voici au creux d'une immense cuvette. Je cherche vainement Dôme C. La base est très proche, maintenant. Je devrais l'apercevoir, mais rien. Me serais-je trompée ? Pour la centième fois, je contrôle le GPS. Pas de problème. Je vérifie alors l'angle de la boussole. Rien d'anormal. Je n'arrive plus à faire confiance à mes instruments, même si j'ai parcouru plus de 1 600 kilomètres avec eux. Alors je continue laborieusement, en aveugle, vers un objectif qui semble m'échapper.

Soudain, quelque chose de sombre avance vers moi. Ça y est, les voilà, c'est sûr. Ma gorge se serre. Nos routes convergent lentement, si lentement que je me demande s'il ne s'agit pas d'un mirage. Je m'approche, essayant de distinguer une forme qui pourrait me convaincre que je ne suis pas folle. Mais il est encore trop tôt. Après un temps qui me paraît interminable, je perçois le mouvement de silhouettes qui se détachent sur le blanc de la neige, pareilles à des ombres chinoises. Alors seulement, je sais que je suis arrivée.

En quelques minutes, je rejoins l'équipe. Personne n'ose bouger. Je finis par dire « bonjour », histoire d'être sûre que je ne rêve pas, que je suis bien vivante. Comme dans un film au ralenti, nous nous serrons la main. Jean-Gabriel m'explique qu'il va me suivre jusqu'à la base, où le véritable accueil est organisé.

– Il faut que tu vises la tente, me dit-il.
– Quelle tente ?

– La grande tente blanche. Tu verras, tu ne peux pas la louper.

L'aventure est terminée, mon histoire ne m'appartient plus. J'ai la tête un peu vide et les jambes qui flageolent. Je lui fais répéter dix fois la direction à suivre, puis joue le jeu malgré moi. Les baraquements apparaissent. Bientôt, quelques personnes me rejoignent pour me féliciter. Elles semblent stupéfaites. Suis-je une extraterrestre ?

Je progresse toujours. Il y a de plus en plus de monde autour de moi. C'est un peu surréaliste. Ayant franchi une barrière, je débouche sur une sorte d'avenue, matérialisée par de longs rubans rouges. Deux pancartes sont plantées dans la neige. L'une indique « avenue Laurence de la Ferrière », l'autre « corsa Laurence de la Ferrière ». Je suis sans doute le seul être au monde à avoir *son* avenue au fin fond de l'Antarctique !

La voile a de plus en plus de mal à rester en l'air. Les suspentes finissent par s'emmêler autour d'un piquet. Patrice s'approche pour m'aider à plier la 24 m$^2$. En tirant le traîneau, je m'avance à skis au milieu des hourras jusqu'à une table couverte de champagne et de chocolat. Deux gorgées me font reprendre définitivement contact avec la civilisation. La tête me tourne, les gens rient autour de moi. C'est sûr, je suis arrivée !

Quelques heures se sont écoulées. Parfaitement ivre, je déguste mon bonheur, mais sans perdre de vue que cette étape n'est qu'une parenthèse. L'expédition n'est pas finie et, dans deux jours, il me faudra repartir.

Mes hôtes décrivent rapidement la base et m'expliquent où je dois m'installer. Ils me parlent de chambre, de salle à manger, d'horaires de repas... J'essaie de comprendre ce qu'ils racontent sans être vraiment avec eux. En quelques semaines, j'ai désappris leur langage, leur culture. Petit à petit, je les réapprends.

Malgré mon désir irrésistible de prendre une douche, je ne dépasse pas le sas d'entrée de la base. J'ai besoin de parler, de partager ce que j'ai vécu. Je m'assieds. Jean-Gabriel s'installe en face de moi. Arrive Michel Phily, un autre auditeur de choix. Il travaille avec Jean-Robert au laboratoire de glaciologie de Grenoble et a pour mission de récupérer les échantillons de glace que j'ai recueillis au fil des carottages.

— Juste avant d'arriver, leur dis-je, j'avais l'impression d'être au paradis. La neige avait la douceur du sable chaud. Avec la voile, je glissais dessus sans effort. Il n'y avait plus de bruit et ça scintillait autant que des étoiles ou des pierres précieuses. Comme dans un rêve, je ne voulais pas me réveiller.

— Malgré la fatigue, la douleur ? demande Michel.

— La beauté me faisait aller au-delà. Je communiais avec la glace et le vent. Nous nous sommes apprivoisés mutuellement pour pouvoir vivre ensemble. J'ai hâte de les retrouver. Oui, j'ai dû me battre. Comme tout le monde, j'ai deux bras, deux jambes, des muscles, et je ne suis pas tellement plus forte que les autres. En revanche, j'ai appris à comprendre les éléments. Cette compréhension m'a toujours aidée et parfois sauvée. Quand le vent n'était pas bon, le terrain était bon. Quand le terrain était truffé d'obstacles, le vent me portait. Le fait de toujours voir et d'utiliser le côté positif des situations m'a permis d'aller plus loin et plus vite. Tous les jours, je me répétais : « Fais confiance, ça va marcher. Fais confiance jusqu'au bout. Tu n'as pas le droit de te laisser aller. » Ces leitmotive ont rythmé ma progression. On m'a dit que c'était rare d'avoir du vent jusqu'ici, mais, pour moi, même le dernier mètre était bon.

— C'est impressionnant, l'Antarctique. Cette immensité...

— Tu te sens tout petit, dis-je. J'étais consciente du culot dont je faisais preuve en me baladant dans un endroit que personne ne connaissait et qui fait peur à tout le monde. Chaque soir, je me demandais ce que le lendemain allait me réserver. C'était chaque fois différent. Des montagnes de glace, un miroir parfaitement lisse, des sastrugis durs comme des pierres, une succession de trous comme sur un champ de bataille... Au fil des jours, c'est devenu mon royaume. J'étais envahie par une exaltation qui me poussait à continuer.

— Tu as dû sacrément te battre, insiste Michel.

— Après des heures de marche, de voile, il faut monter la tente, l'amarrer, l'assurer, préparer un repas... Tu es complètement à découvert. Personne ne peut rien pour toi. Je me concentrais le plus possible pour éviter de faire des bêtises.

— Tu devais te sentir très proche de la nature...

— Je pense que nous avons tous plus ou moins besoin de ça. En ce qui me concerne, le contact avec les éléments est le point d'ancrage de ma vie. Il me donne l'impression d'exister sans avoir à m'imposer. Sur ce continent, il y a une sorte de paix, une sérénité que je n'ai jamais trouvée ailleurs. Au départ, c'était d'une cruauté inouïe. Mais j'y croyais. Tout le monde aurait compris que j'abandonne, mais, moi, je savais qu'il me fallait passer un cap pour avoir accès au reste. J'ai commencé par un kilomètre, puis vingt, cinquante... Et jusqu'à plus de cent par jour. Après, j'évoluais avec du vent de travers, du vent de tous les côtés, du mauvais temps, du whiteout... Un jour, j'ai marché douze heures sans rien voir. Un petit coup d'œil à la boussole, puis je me disais : « Fais confiance », et je repartais.

Michel me regarde. Sans doute essaie-t-il d'imaginer ce que j'ai vécu. S'il m'interroge encore, je vais continuer à parler.

– Il est temps que je me lave ! dis-je.

Ayant trouvé la force de me lever, je récupère une petite trousse de toilette pleine d'échantillons de savons, de crèmes et de parfums, et me dirige vers la douche. Au passage, j'attrape des vêtements propres. Cela fait presque deux mois que je n'ai pas quitté mes « habits de guerre ». De quoi ai-je l'air ? Je me déshabille maladroitement en essayant de me regarder dans un miroir de poche. La vision morcelée de mon corps a quelque chose de frustrant.

Quelques minutes plus tard, l'eau chaude qui ruisselle sur ma peau me procure une volupté dont je n'arrive pas à me repaître. Je me savonne interminablement. La vapeur transforme la salle de bains en sauna, je finis par étouffer, je sors. Mes pieds gelés glissent sur le sol. Je m'habille en grelottant.

Lorsque je rejoins les occupants de la base, leurs regards m'intimident un peu. Dieu sait pourtant qu'ils sont charmants, attentifs et respectueux. Je ne connais pas les noms de ceux qui m'entourent, mais leurs sourires me font chaud au cœur.

En dépit des rigueurs du climat, la vie à Dôme C est agréable. Scientifiques, techniciens français et italiens se côtoient durant la saison d'été pour mener à bien des études de très haut niveau. Bientôt, la station de Concordia, en cours de construction sur le site, sera ouverte pendant l'hiver. À cette période, et à cette altitude, la température moyenne est de – 70 °C et peut descendre jusqu'à – 90 °. Il me vient à l'esprit qu'un hivernage à Concordia serait une expérience intéressante, sur les plans physique et psychologique, et compléterait à merveille ma connaissance de l'Antarctique, mais je n'en suis pas là. Dans l'immédiat, on attend de moi que je raconte la première partie de mon expédition. Cela fait longtemps que je n'ai pas donné de « conférence », et pourtant les mots me viennent facilement. Le repas est gai et pantagruélique. La procession des viandes, poissons, fromages et desserts met en défaut mon légendaire appétit. L'émotion m'empêche d'apprécier les mets préparés par Jean-Louis, le meilleur cuisinier de Dôme C, qui m'a offert, à mon arrivée, un bouquet de tournesols et d'œillets en papier. À cette émotion s'ajoute, il faut l'avouer, un léger regain d'ivresse. Kjell, qui a découvert que le nom de ma bière favorite correspondait exactement à la distance en ligne droite entre le pôle Sud et Dôme C, s'est arrangé pour me faire parvenir de la 1664 !

J'essaie de le joindre, mais la communication est mauvaise. Je voudrais lui dire qu'il me manque. Il aurait pu effectuer le trajet avec le raid. Cette éventualité a fait l'objet de longues discussions entre nous. Finalement, nous avons décidé qu'il maintiendrait mieux le contact avec le monde extérieur en restant à Dumont d'Urville. En outre, s'il quittait la base, cela m'ôtait la possibilité de le contacter à n'importe quelle heure du jour et de la nuit. L'espace d'un instant, je regrette que la sécurité ait primé sur le reste.

Toutefois, l'heure n'est pas à la nostalgie. De nombreux journalistes voudraient m'avoir en ligne. Seul France-Inter réussit un bon « direct ». Entre deux interviews, je téléphone à mes filles pour leur annoncer mon arrivée à la base.

– Alors, tu rentres tout de suite à la maison ? demande Céline.

– Non, ma chérie, il me faut encore quelques semaines pour atteindre la côte.

– Je trouve qu'on ne parle pas assez de toi à la télé, décrète-t-elle.

– Ne t'inquiète pas, ça viendra quand j'aurai terminé.

Après notre conversation, je me souviens tout d'un coup que j'ai rendez-vous avec le médecin italien. Averti depuis longtemps de mes petits problèmes, il semble ravi d'avoir quelque chose d'un peu inhabituel à se mettre, si j'ose dire, sous la dent. Il passe consciencieusement mes doigts de pied en revue, avec une petite moue qui n'augure rien de bon.

— Vos gelures sont du troisième degré et, au niveau du gros orteil droit, la zone profonde nécrosée est infectée, annonce-t-il. Il faut découper toutes les parties mortes et suivre un traitement antibiotique. Nous pourrons nous revoir demain, lorsque vous vous serez reposée.

Mes yeux se ferment. Je suis trop lasse pour réagir. Je gagne ma chambre, exiguë comme une cabine de bateau. Pendant des heures, je me tourne et me retourne sur le matelas trop mou coincé entre deux cloisons. J'ai l'impression d'être en cage et résiste tant bien que mal à la tentation d'aller monter la tente dehors. Peu à peu, la panique m'envahit, mon rythme cardiaque s'accélère. Je ne dors pas de la nuit.

Le lendemain matin, je m'installe à contrecœur sur la table d'opération. Tandis que le médecin prépare ses instruments, je lui demande, d'un ton faussement désinvolte :

— Je n'aurai pas de problème pour la suite ?

— Votre organisme est exceptionnel, répond-il. Je ne peux pas vous empêcher de continuer.

Inutile de lui dire que, dans le cas contraire, j'aurais eu du mal à respecter sa décision. Une heure de soins, puis il découpe du sparadrap et de la gaze. Voici mes doigts de pied coiffés de magnifiques « poupées ». Nous sommes le 31 décembre, le millénaire va prendre fin, et il est temps d'aller danser !

Vin chaud, champagne et petits plats dans les grands. Plantée au milieu de la base, une tente sert de salle de bal. La musique, tonitruante, est ponctuée de cris, de rires, d'embrassades et de mouvements de foule relativement incontrôlables. Des bras musclés me projettent en l'air sur fond de « *We are the champions* ». Je danse en charentaises écossaises, jusqu'au moment où mon cavalier me fait virevolter un peu vite. Les pantoufles s'envolent et mes pansements suivent le mouvement, laissant apparaître les plaies suintantes. Horrifié, le médecin me prend à part, me reproche vivement mon inconséquence et refait les poupées en grommelant. J'ai parcouru 1 664 kilomètres par – 40° avec les pieds gelés, et j'ai du mal à croire que je prends plus de risques ici ! Pour lui faire plaisir, je chausse des Moonboots. De toute façon, je n'ai plus la force de danser.

– Tu peux très bien coucher dans la caravane du convoi, dit Patrice, tu seras plus au calme que dans ta chambre.

J'accepte sa proposition et m'écroule dans le dortoir du raid, vaincue par la fatigue. Le lendemain matin, je m'attelle à la préparation du matériel et à la mise au point de la stratégie qui permettra d'assurer ma sécurité entre Dôme C et Dumont d'Urville. La partie cruciale est la zone côtière, à quelque 250 kilomètres de l'arrivée. Là, les vents catabatiques sont d'une violence incroyable. Ils atteignent, en cette saison, des vitesses dépassant les 200 kilomètres-heure. L'Institut polaire avait, au départ, refusé que je traverse cette zone, inaccessible aux avions faute de terrain adéquat, et où les hélicoptères ne peuvent pas se poser lorsqu'ils n'ont pas de visibilité. Finalement, le contrat qui nous lie prévoit qu'à l'approche de la côte nous devrons impérativement demeurer à quelques heures l'un de l'autre, le raid et moi. S'il m'arrivait quoi que ce soit, mon ange gardien sur chenilles pourrait intervenir très vite. Sur le reste du trajet, nous pouvons progresser à trois ou quatre jours de distance. Tout dépend de ma cadence, et de celle du convoi, qui doit quitter la base plusieurs heures après moi.

Il me reste une journée à passer à Dôme C, et mille choses à régler. Rapidement, je charge dans le traîneau vingt nouvelles rations du nourriture et du carburant en conséquence. Je prends le temps de faire quelques essais de voile à l'extérieur. Le vent est parfait. Pourvu que j'aie le même demain... Les suspentes arrière de la 24 m$^2$ sont toutes bonnes à changer. Un long travail de patience, avec l'aide des scientifiques. Il faut aussi que Jean-Gabriel m'explique quelques astuces de fonctionnement de la nouvelle caméra, que je rentre les positions intermédiaires dans le GPS, que je ravaude la toile de couverture du traîneau, que je vérifie la trousse à pharmacie... La journée s'achève dans la fébrilité. Qu'ai-je pu oublier ? Dernier repas, dernière nuit, insomnie. L'idée de reprendre le fil de l'aventure m'angoisse et m'enchante à la fois.

*2 janvier 2000*
*74° 44' 10" S – 124° 27' 45" E*
*1716 kilomètres du pôle Sud*
*– 34 °C*

Ce matin, j'avais l'estomac noué en terminant mes préparatifs sous les yeux des équipes de Dôme C. Jusqu'à la dernière minute, chacun m'a apporté son aide. Remarquant que j'étais en retard, l'un des techniciens m'a déclaré qu'il connaissait les femmes, et que cela lui semblait normal. Pendant ce temps-là, je m'équipais, les mains tremblantes, tentant de retrouver les gestes qui seront mon quotidien dans les semaines à venir. Il n'est pas facile de quitter cette oasis pour repartir dans le désert blanc.

C'est l'heure. Augusto, le chef de la base, vient me faire ses adieux. J'aimerais tant savoir exprimer les sentiments qui m'envahissent. Je voudrais lui dire combien j'ai été touchée par son accueil et que je n'oublierai jamais l'attention et la gentillesse de tous, mais je suis bien trop pudique pour m'épancher.

Une fois le dernier mousqueton fixé, je donne le signal du départ. On m'aide à transporter le traîneau à l'extérieur. Il fait un temps magnifique, sec et frais. Le vent est inexistant. Voilà qui risque de ne pas arranger mes affaires ! Je déploie la voile, dans un espoir perdu d'avance. Elle retombe lamentablement.

– Tu aurais dû avoir une 30 m², fait Patrice.

Tout en imaginant le cauchemar d'avoir à gérer une telle surface, je replie posément la 24 m². Quelques instants plus tard, tirant le traîneau, je pars sans forcer, laissant la base dans mon dos. Devant moi, l'infiniment blanc s'étend à perte de vue. Comme au pôle Sud, on m'applaudit, et, là encore, je songe intérieurement que ce n'est pas le moment.

À nouveau tournée vers l'inconnu, je retrouve le plaisir de me sentir libre. Un ski après l'autre, ma respiration prend son rythme. J'ai rapidement trop chaud et me déshabille un peu. Des stalactites se forment sur mon masque. Je pousse patiemment sur les bâtons. Puis le vent se lève, et je décide de tenter une nouvelle fois ma chance. Je reprends la 24 m². Elle se gonfle en douceur. Ma cadence s'accélère.

Derrière moi, une rumeur enfle. Le sol se met à vibrer. Les grosses machines du « train des glaces » approchent. Je voudrais ne pas les voir, rester à distance des autres humains, rentrer à nouveau dans mon histoire en solitaire. Mais Patrice vient à ma rencontre pour m'apporter le café soluble et les sachets de thé que j'avais oubliés. Les mains occupées par le wishbone, je lui suggère de mettre tout cela dans le traîneau. Il ne parvient pas à l'ouvrir et coince tant bien que mal les denrées dans les replis d'une voile. Les machines redémarrent dans un tohu-bohu infernal. J'attends qu'elles disparaissent derrière l'horizon pour me sentir plus sereine. Leur trace forme un profond sillon, comme une blessure. J'ai mal pour l'Antarctique.

Le vent forcit et ma vitesse s'accroît. Lorsque je m'arrête, la voile tressaute, se tortille et finit par emmêler les suspentes. Un peu ankylosée et maladroite, je tente de défaire l'écheveau. Il faut du temps pour retrouver ses marques. En fin d'après-midi, je me hâte de monter la tente, impatiente de parler à Kjell.

— Te revoilà enfin ! lui dis-je. Depuis la station, impossible de t'entendre, c'était trop bruyant. En plus, j'étais prise dans l'ambiance...

— Je sais tout ça. Je me faisais du souci pour toi et il me semblait injuste d'être si loin. Je me sentais complètement hors jeu.

— Cette arrivée, j'en ai rêvé désespérément pendant des jours et des jours. J'ai parfois pensé que c'était impossible. Mais, une fois à Dôme C, j'ai eu l'impression de n'être pas suffisamment préparée à ce qui m'attendait. Les gens avaient tous envie de me voir, de me parler, et je ne voulais pas me soustraire à cette attention. En même temps, une partie de moi restait inaccessible.

— Il fallait que tu te protèges pour pouvoir repartir.

— J'ai essayé, dis-je, mais parfois c'était dur !

— Rares sont ceux qui peuvent comprendre ce que tu as vécu et ça, tu le sais instinctivement. Si j'avais été là, je t'aurais aidée à garder toute ta concentration.

— J'espère la retrouver très vite. Pour l'instant, j'ai beaucoup de mal à progresser dans la foulée du raid. Il me paraît complètement incongru de suivre la voie qu'il a tracée. Cela me perturbe au point que j'ai du mal à croire qu'elle soit réellement dans la bonne direction.

— C'est précisément ce qu'il ne faut pas faire. Prends tes distances. Éloigne-toi discrètement, d'une dizaine de kilomètres, sans le dire à Patrice.

— Impossible ! Je dois lui donner ma position tous les soirs. Il n'est pas idiot, il saura exactement où je suis.

— Écoute, Laurence, tu n'as pas besoin de l'appeler quotidiennement. C'est moi ton interlocuteur. Patrice te connaît peu. Il ne saura pas te parler. La solitude et les difficultés que tu as vécues depuis le début te mettent dans une bulle qui t'isole encore plus. Dans cette situation, tu es forte sur le terrain, mais tu es fragile dans tes relations avec autrui. Ça, personne n'arrive à le comprendre.

116

– Mais, Kjell...

– Tu as atteint Dôme C toute seule, tu es parfaitement capable de continuer sans le raid !

Comment vais-je parvenir à concilier ses conseils et les mesures de sécurité que je me dois de respecter ? Je sens tout d'un coup naître une sorte de rivalité entre ceux qui m'entourent, et cela me pèse. Il me faut coûte que coûte garder ma liberté.

Comme convenu, j'appelle Patrice pour lui donner ma position.

– Cinquante-deux kilomètres, c'est pas mal, dit-il, mais, de notre côté, nous en avons fait un peu plus de cent. Il va falloir que tu trouves le moyen d'accélérer. J'envisage différentes tactiques pour traverser la zone côtière si tu t'éloignes trop de nous, mais je t'en parlerai plus tard. Appelle-moi demain soir, juste avant le repas.

Le chef du raid décrit ensuite rapidement le terrain qu'ils ont traversé. Pour le moment, la neige est douce, et les sasturgis petits et peu nombreux.

Je termine la soirée en dégustant les truffes au chocolat que Jean-Louis, le cuisinier de Dôme C, m'a offertes avant mon départ. Un régal ! Une tasse de thé, et je découvre un petit message de Jean-Gabriel sur chaque sachet : « Tiens bon », « J'aime ce que tu fais », « La côte n'est plus loin », « Nous t'attendons »... Je souris, émue. Il fait doux sous la tente, le temps est calme, je crois que je vais passer une vraie bonne nuit.

*3 janvier 2000*
*74° 14' 17" S – 125° 52' 17" E*
*1796 kilomètres du pôle Sud*
*– 32 °C*

Il y a sept ans, lorsqu'il a ouvert la voie entre Dumont d'Urville et Dôme C, le raid a balisé son itinéraire. Tous les kilomètres, de gros monticules de neige sont construits, pour retrouver la trace d'un voyage sur l'autre. Des piquets métalliques complètent le dispositif, afin que les engins du convoi, équipés de radars, puissent se repérer même sans visibilité.

Ces monticules et ces piquets bouleversent ma perception de l'Antarctique. Je me sens un peu prise au piège, condamnée à suivre une route qui me paraît artificielle. Je progresse sans grande conviction. Les heures passent. Le ciel est gris. Je parcours néanmoins 70 kilomètres avant de jeter mon dévolu sur un accueillant petit carré de neige.

Le moral remonte lorsque Catherine m'appelle pour me raconter que le site Internet de mon sponsor n'a jamais été autant consulté que depuis le début de l'expédition.

– Gilles Oudot est très fier de toi, m'annonce-t-elle. Il m'a demandé de te dire qu'il te soutenait quoi qu'il arrive.

Ma première rencontre avec le directeur de Go Sport a eu lieu début 1999, à l'occasion d'un dîner. J'étais reçue par un fervent admirateur, qui s'était mis dans la tête de publier un livre sur ma vie et mon œuvre. Il avait même choisi le titre de cette hagiographie, *Une femme d'exception*! Il ne lui manquait qu'un mécène, qu'il pensait avoir déniché, d'où son invitation.

Entre Gilles Oudot et moi, le courant est passé immédiatement. Sous le regard incrédule de notre hôte, nous avons très vite oublié le livre pour commencer à parler de l'expédition que je préparais.

C'est la première fois que les choses se déroulaient aussi simplement. Quatre ans plus tôt, j'ai voulu repartir dans l'Himalaya, obsédée par l'idée d'atteindre le sommet de l'Everest sans oxygène. Après avoir vainement cherché un sponsor, j'ai abandonné, faute de moyens, à la veille du départ. Dès lors, je me suis focalisée sur un autre projet, celui de rallier le pôle Sud.

Au fil de l'année 1996, il m'a fallu en même temps décrocher des fonds, organiser la logistique, préparer l'équipement et finaliser l'objectif, qui était d'être le premier Français à atteindre en solitaire le point zéro de la planète. J'ai convaincu une dizaine de petits sponsors avant d'en trouver un plus important. Dans la précipitation, j'ai choisi sans grand discernement les gens qui m'épauleraient. Ils appartenaient à un univers que je ne connaissais pas. J'étais un peu comme une campagnarde qui monte à la ville, assez naïve et stupide pour ignorer que, dans le monde des affaires, les méthodes et les enjeux ne sont pas les mêmes que pour la sportive que je suis. Même si tout ne me semblait pas clair, j'ai fait confiance. J'étais dans l'urgence, je n'avais pas le choix.

L'expédition en elle-même a été une expérience extraordinaire, mais, au retour, je me suis trouvée mêlée à des intrigues compliquées. J'avais énormément de mal à savoir qui faisait quoi, comment et pourquoi. Très vite, je me suis rendu compte qu'on avait manqué de rigueur dans les informations transmises aux journalistes. On avait ainsi laissé entendre que j'étais la première femme au monde à atteindre le pôle Sud en solitaire alors qu'une Norvégienne, Liv Arenesen, m'avait précédée ; et on avait occulté le ravitaillement que je n'avais aucune raison de dissimuler. Déconnectée de la réalité par ce que je venais de vivre, je me suis laissé manipuler. Il fallait donc que j'assume. Cela m'a mise dans une position de coupable. J'ai eu le sentiment que mon aventure avait été salie.

Profondément blessée, j'avais une priorité : assainir la situation. En 1997 et 1998, j'ai tiré les leçons de cette expérience. Il était indispensable que je règle les problèmes avant de me lancer dans une nouvelle histoire. J'aurais dû repartir en octobre 1998, mais mon sponsor s'est rétracté d'une façon un peu abrupte deux semaines avant le départ. Lorsque Kjell et moi avons appris la nouvelle, nous nous sommes dit, après avoir accusé le coup : « Qu'à cela ne tienne, ce sera pour l'année prochaine. » Ce contretemps aura été ma chance. J'ai pu en effet affiner vraiment mon projet, approfondir la préparation et l'entraînement, donner, avec l'Institut polaire et le CNRS, sa dimension scientifique à l'opération, et dénicher le sponsor adéquat.

Lors de notre première rencontre, Gilles Oudot n'a pas réagi en homme d'affaires, mais en passionné. Il a su convaincre son état-major et toute son entreprise. Ensuite, il a fallu élaborer une stratégie dont Go Sport puisse tirer parti. Il s'agissait, entre autres, de montrer au client, du sportif de haut niveau jusqu'au promeneur du dimanche, qu'une entreprise capable de fournir du matériel testé dans des conditions extrêmes est une entreprise digne de confiance.

Notre accord prévoit également qu'à mon retour je présente le film de l'expédition dans le cadre d'une série de conférences publiques. J'ai déjà vécu l'expérience en 1997. Près de quarante mille personnes s'étaient déplacées. Leur enthousiasme m'avait touchée. Ce partage avait été la meilleure thérapie pour reprendre contact avec le monde de tous les jours. Mon sponsor, lui, était ravi. Il tenait là le moyen de faire d'excellentes affaires.

Sur un budget global de l'ordre de 2 millions de francs, 80 % environ est pris en charge par Go Sport. Le reste du financement est assuré par le conseil général de Haute-Savoie et mes propres deniers, sous forme de droits d'auteur à venir et d'un emprunt à la banque. Une bonne partie des 2 millions est consacrée à la logistique et aux transports aériens. Les six à sept heures de vol en Cessna entre Patriot Hills et le pôle Sud, par exemple, sont facturées plus de 600 000 francs. Art a beaucoup de qualités, mais il m'a coûté les yeux de la tête !

*5 janvier 2000*
*73° 29' 52" S – 127° 46' 13" E*
*1888 kilomètres du pôle Sud*
*– 30 °C*

Ce matin, je me réveille en douceur. Les rayons du soleil nimbent l'intérieur de la tente, dont la toile est parfaitement immobile. Même s'il n'y a pas un souffle de vent, je pars sereine. Pour une fois, je me réjouis à l'idée de tirer le traîneau.

Je glisse le walkman dans un petit sac en fourrure polaire que je porte autour du cou, contre la peau, ce qui procure un peu de chaleur et prolonge la durée de vie des piles. J'ai choisi Paolo Conte pour rythmer la marche. Me voilà partie, les écouteurs dans les oreilles, pour une belle journée de contemplation et de réflexion.

Cela fait des jours que je glisse derrière la voile, et j'ai oublié les sensations que procure la traction du traîneau. Le départ me semble lent et laborieux, mais, peu à peu, j'oublie le poids, la neige abrasive, l'effort à fournir. Le dépassement physique libère mon esprit. La cadence de la progression me met comme en état d'hypnose et me rend extrêmement lucide.

Pour la première fois, je prends conscience du fait que la dimension scientifique de l'expédition a pris le pas sur son aspect purement sportif. À Dôme C, où j'ai été accueillie avec considération, j'ai compris que, dorénavant, je ne me contenterais plus d'objectifs strictement personnels. Même si les carottages ont été une contrainte, ils m'apportent la fierté de participer à une œuvre collective.

Pendant des années, j'ai travaillé en solitaire la flûte traversière, mais rien ne valait le moment où nous nous retrouvions tous au sein de l'orchestre. Je me rappelle le sentiment d'exaltation qui m'a envahie lorsque j'ai joué pour la première fois la *Cinquième Symphonie* de Beethoven avec l'orchestre harmonique de Villefranche-sur-Saône.

Il me paraît évident qu'un groupe d'individus n'est fort que lorsque chacun maîtrise sa partition. Je devine que tout ce que j'ai appris seule sur le terrain va s'intégrer à quelque chose qui ne m'appartient plus, dont l'envergure me dépasse et me fascine. C'est ce vers quoi je tends désormais.

Paolo Conte accompagne mes pas. La neige étincelle. La température est certainement remontée au-dessus de − 30 °C. C'est drôle, parce qu'à force de marcher derrière mon ombre pour ne pas perdre le cap, j'ai l'impression de me dédoubler, de me suivre d'une manière ou d'une autre, en variant les angles. C'est peut-être ce qui me permet de ne pas me sentir trop seule. Une fois à l'arrêt, je ne fais plus qu'un.

En fin de journée, un brouhaha s'amplifie à mes oreilles, finit par couvrir la musique, et je comprends que je vais enfin pouvoir sortir ma voile. Ce ne sera pas très long, mais deux heures de vent, c'est toujours vingt kilomètres de gagnés.

Le soir, Kjell me raconte qu'il a eu Patrice. Le convoi se trouve maintenant loin devant, à plus de 250 kilomètres de moi, dans le calme plat.

— J'ai fait 39 kilomètres en dix heures, lui dis-je, dont une heure et demie à la voile. Le reste du temps, j'ai marché.

— C'est bien, Laurence !

— Non, c'est pas bien. Si je n'avais pas utilisé la voile, j'aurais fait 10 kilomètres maximum.

— Tu t'es démenée, et c'est ce qui compte. Tu sais, tu es comme les marins, les bons marins sont ceux qui savent faire marcher leur bateau dans le petit temps.

— Trente-neuf kilomètres, c'est vraiment peu...

— J'ai connu, il y a trois ans, une fille qui allait au pôle Sud et qui ne faisait jamais plus de 20 kilomètres par jour.

— C'est faux, j'ai atteint les 30 kilomètres.

— Tu vois ! Arrête de t'excuser, tu n'as pas de quoi être déçue.

— Ne te méprends pas, même si j'ai peu progressé, c'était une très belle journée. Cela dit, si, demain, je n'ai pas un poil de vent, ça va être dur...

— Il y a des hautes pressions au-dessus du pôle. En hiver, ces hautes pressions sont plus importantes qu'en été, alors qu'en ce moment elles sont à leur plus bas niveau. Cela signifie que les vents sont plus faibles. Ce qu'il te faut, c'est une bonne basse pression sur les côtes.

Le grand délire explicatif de Kjell me dépasse. Je lui coupe la parole :

— Et tu penses que je vais avoir ça ?

— Bien sûr, les zones de pression circulent tout le temps entre le pôle et la côte. Ne t'inquiète pas, le vent va venir.

— Demain ?

— Je pense.

— Tu m'avais promis hier que j'aurais le même temps qu'avant-hier, et ce n'était pas le cas. C'est la première fois que tu te trompes.

124

– Tu sais pourquoi ? Parce que Michel m'avait assuré que ce serait la même chose. Mais Jean-Claude, lui, disait : « Ce ne sera pas très bon pour Laurence. » Il s'implique vraiment beaucoup, on discute énormément avant de te dire quel temps tu risques d'avoir à l'endroit exact où tu es. C'est pour ça que je lui passe souvent le téléphone, ça l'aide à comprendre ce que tu as besoin de savoir. Nous commençons à former une bonne équipe, ici !

Je regarde l'heure. Il est temps que j'appelle Patrice pour lui donner ma position. Kjell n'apprécie guère ce genre d'interruption.

– Il va probablement te donner des informations qui concernent la zone où se trouve le raid. N'en tiens pas trop compte, parce que tu vas repartir dans douze heures et que, d'ici là, la situation peut évoluer. Et puis dis-toi que, s'il n'y a pas de vent maintenant, tu en auras après. Ça ne peut pas diminuer, ça ne peut que se renforcer !

– Tant mieux ! Aïe, mes bras, mes jambes, mes genoux...

– Massage total, massage spécial, ou bien massage intime ? demande Kjell en français.

J'éclate de rire.

– Mais où as-tu appris ça ?

– Je viens de l'inventer, réplique-t-il, faussement candide. Bon, je vais prendre une bonne bière pour m'éclaircir les idées avant mon interview avec Radio Mont-Blanc.

Cela m'agace un peu qu'on l'interviewe, mais je suis surtout folle de jalousie en l'imaginant devant une bière fraîche et mousseuse. Puisque c'est comme ça, je m'octroie deux cents grammes de chocolat au lait et aux noisettes pilées, accompagnés d'une double ration de Cérécof.

*6 janvier 2000*
*73° 01' 51" S 128° 52' 21" E*
*1951 kilomètres du pôle Sud*
*– 29 °C*

Aujourd'hui, sous un ciel chargé de nuages sombres, j'ai parcouru 63 kilomètres, mais à quel prix ! Mon organisme, éprouvé par des jours et des jours de lutte, commence à s'user. Des douleurs intolérables irradient mes pieds, car, si les soins reçus à Dôme C ont stoppé l'infection, les gelures ont rendu mes orteils extrêmement sensibles aux chocs et au froid. Lorsque j'ai Kjell au bout du fil, je n'en finis pas de m'épancher.

Il essaie de me remonter le moral.

– Tu vois, je ne me suis pas trompé hier en te disant que tu aurais plus de vent aujourd'hui. Jean-Claude et moi venons d'étudier les cartes et nous pensons qu'il va encore augmenter. Il viendra sans doute plus de l'est.

– Tu es le roi !

– Merci, Laurence. Jean-Gabriel et Éric viennent juste d'arriver à Dumont d'Urville. Ils t'ont survolée, mais le pilote a refusé de tourner au-dessus de toi pour économiser du fuel. Il y a eu un tollé général à bord du Twin Otter. Jean-Gabriel m'a dit que tu marchais à la voile.

– Je ne les ai pas vus, pas entendus. Avec les différentes couches de cagoules et de capuches, je ne perçois que le bruit du vent quand je vais vite.

– J'ai fait un pari avec Thierry. Il a dit 82 kilomètres, j'ai dit au moins 85.

– Perdu. Je n'ai pas pu utiliser la voile très long-temps. J'avais le vent de travers, mais j'ai pris la 20 m², ce qui était parfait. Je l'adore, elle me permet de faire tout ce que je veux.

– J'ai une théorie. Comme tu ne pèses pas 90 kilos et que ton traîneau n'est plus très lourd, dans les mêmes conditions de terrain et de vent, tu vas beaucoup plus vite que quelqu'un de plus baraqué que toi, comme Borge, par exemple.

Autant je suis son raisonnement, autant je vois assez mal où il veut en venir.

– Tu pèses 56 kilos, poursuit Kjell, et donc ton traîneau de 140 kilos pèse exactement deux fois et demie ton poids. Un homme de 90 kilos avec un traîneau de 225 kilos, ce serait impossible. Tout ça pour te dire que c'était normal que ce soit difficile au début.

– L'avantage, maintenant, c'est que je peux progresser même avec des vents faibles.

– Exactement. Cela m'avait frappé quand tu t'entraînais à Chamonix.

En Haute-Savoie, l'entraînement fait partie de mon mode de vie. Que ce soit avant ou après une expédition, il est rare que je ne sorte pas chaque jour pour une grande balade en vélo, mille mètres de dénivelé à pied ou une randonnée à skis, selon la saison. Ces activités, fondées essentiellement sur l'endurance, sont devenues nécessaires à mon équilibre.

Avant de partir en Antarctique, il a fallu que je m'entraîne de manière plus technique dans certains domaines. J'ai multiplié les portages pour renforcer les muscles dorsaux. J'ai parfois tiré des pneus pour m'exercer à la traction, à la grande joie de Céline et de Charlotte, qui m'encourageaient de la voix.

En général, je préfère travailler seule, alternant à mon rythme les efforts brutaux et des efforts plus mesurés, qui me permettent de récupérer. Je fais parfois appel à des spécialistes pour compléter mes connaissances et me stimuler dans certains domaines. À plusieurs reprises, je suis allée dans le Jura faire du skating « sauvage » en compagnie des meilleurs connaisseurs de la région. Je suis souvent rentrée « à quatre pattes », mais j'avais la conviction qu'il était préférable de me faire mal à l'entraînement plutôt que sur le terrain !

Avec Kjell, qui est un excellent skieur nordique, j'ai passé des journées entières à sillonner les grands espaces vierges du nord de la Norvège et de la Suède. À Finse, je me suis exercée à manier les voiles avec des Norvégiens qui faisaient de la compétition. Alain Hubert m'avait initiée à leur maniement à l'occasion de notre traversée du Groenland, en 1995. Un jour, par un temps épouvantable, il avait décrété que le vent était dans le bon sens et m'avait collé une voile dans les mains. Je m'étais fait embarquer sans comprendre ce qui m'arrivait. Comme Alain avait le GPS, la balise et la boussole, j'étais condamnée à le suivre. Formation terrorisante, fulgurante et radicale.

J'ai consacré des mois à peaufiner l'équipement nécessaire à cette seconde traversée de l'Antarctique. Le défi consistait à trouver le meilleur compromis entre le poids, l'efficacité et la solidité. Il a fallu que j'assume pleinement mes choix, en sachant que la plupart étaient risqués. Personne, par exemple, n'aurait parié un centime sur ma tente de 2,5 kilos. Moi-même, j'ai eu du mal à m'y faire. Mais aujourd'hui, après presque deux mille kilomètres parcourus, je sais que c'est le bon choix.

J'aurais eu parfois tendance à prendre une plus grande marge de sécurité. Kjell, lui, me poussait en permanence à m'alléger au maximum. Il me reproche parfois d'être un peu butée. Mais, si j'ai gagné presque 30 % du poids du matériel par rapport à la première expédition, c'est que je l'ai écouté !

Certaines choses ont été élaborées en Norvège, notamment le traîneau. Nous avons adapté des idées de Borge à ma taille et à mon poids. Il y a eu de longues discussions sur les barres, leur longueur, le tissu le mieux adapté pour la couverture... Des discussions encore plus longues ont précédé le choix définitif des skis. J'ai fini par me résoudre à en prendre deux paires interchangeables, avec des peaux de phoque amovibles.

Kjell et moi avons aussi consacré des jours et des jours à débattre du problème des communications. J'ai fait fabriquer à Tromso une radio très performante, de moins d'un kilo. Sur ce, l'Iridium est apparu sur le marché, deux fois plus léger et, surtout, sans cette antenne de 17 mètres si fastidieuse à installer. Il a emporté ma décision.

Les dernières semaines en France ont été complètement obsessionnelles. À quelques jours du départ, je me suis brusquement focalisée sur les chaussures. J'avais décidé de n'en prendre qu'une paire, et celle sur laquelle je travaillais depuis des mois ne me satisfaisait pas totalement.

Tout d'un coup, j'ai repensé aux chaussures que j'aurais dû tester en Suède, mais qui ne m'étaient pas parvenues à temps. Elles avaient été utilisées pour une traversée du Groenland à la voile, et j'ai soudain eu l'intuition que c'étaient celles qu'il me fallait. J'ai appelé le fabricant pour lui demander de m'en fournir d'urgence une paire. Martial, qui me connaît depuis vingt ans, m'a mise en garde : ces chaussures étaient conçues pour une température de − 30°, il n'était pas certain qu'elles tiennent au-delà. J'ai insisté, il s'est démené. La colle des semelles était à peine sèche lorsqu'elles sont arrivées à Paris par Chronopost, deux jours avant que je ne m'envole pour Punta Arenas. À Dôme C, j'ai renouvelé une partie de l'équipement, mais pas les chaussures. Je compte sur elles pour tenir jusqu'à Dumont d'Urville.

Malgré tout, dans l'aventure que je suis en train de vivre, l'aspect technique n'est pas le plus important. Il est certain que la préparation de l'équipement compte énormément. Bien sûr, il faut savoir tenir sur ses skis et être capable de manier des voiles, mais cela s'apprend. L'essentiel est de pouvoir faire des choses que l'on n'a pas prévues ni même envisagées. Il faut être capable d'innover à chaque seconde.

Jusqu'à la dernière minute avant le départ, j'ai essayé de tout imaginer en étant consciente des limites de mes connaissances et de mes choix, afin de me laisser psychologiquement la possibilité d'appréhender l'inconnu. En quittant le pôle Sud, je savais que j'allais devoir faire face à des situations auxquelles je ne m'attendais pas. J'ai gardé cet état d'esprit. Je ne suis pas venue en Antarctique pour une performance sportive, mais pour réaliser le rêve d'explorer l'inaccessible.

*8 janvier 2000*
*72° 26' 53" S – 130° 09' 56" E*
*2029 kilomètres du pôle Sud*
*– 31 °C*

Hier, j'ai failli mourir.

La journée avait pourtant bien commencé. Un vent puissant, de trois quarts arrière, me donnait des ailes. Je franchissais allègrement les obstacles sur ma route, le traîneau bondissant joyeusement derrière moi. Après dix heures de progression dans une lumière incertaine, j'ai décidé d'installer le camp.

Comme d'habitude, je monte la tente, sors les matelas, puis le sac de couchage, le matériel d'orientation, la pharmacie, les vêtements. Chaque chose a sa place, l'ordre est immuable. Il ne me manque plus que le réchaud, les rations dont j'ai besoin pour le dîner, le petit déjeuner, et du carburant en réserve. Une fois à l'abri, il n'est plus question de ressortir.

En prenant la bouteille d'essence, je découvre qu'elle est très légère. Le bouchon a dû se dévisser, et elle se sera vidée en route. J'inspecte avec minutie le fond du traîneau, où j'ai stocké la nourriture. Comme les rations ne semblent pas contaminées, j'en déduis que le carburant s'est évaporé tout de suite, et que je suis passée à côté d'un désastre.

Soulagée, je rentre sous la tente. Une vague odeur attire mon attention. J'examine de près les vêtements. Une veste est imprégnée d'essence, je la mets immédiatement dehors. Quant au sac de couchage, encore humide, il est taché au niveau des pieds. Je me dis que cela n'est pas très grave, il a dû être éclaboussé. La tache va disparaître très vite si je le garde bien au chaud.

En attendant, cette longue journée m'a fatiguée et affamée. J'allume le réchaud dans l'abside pour préparer un bon repas. Lorsque je regagne la tente intérieure en fermant hermétiquement la toile derrière moi, j'éprouve une sensation étrange.

« Quelque chose ne va pas », me dis-je.

J'attrape le duvet à pleines mains, le presse et me gèle les doigts. Non seulement il est complètement imbibé, mais, sous l'effet de la chaleur, les vapeurs toxiques se concentrent sous la tente.

Un son strident me traverse la tête. Au Groenland, quand j'avais inhalé du gaz carbonique qui s'échappait du réchaud, j'avais eu exactement le même symptôme. Je sais que je vais perdre conscience. Dans un sursaut, j'attrape le téléphone. Le numéro de Kjell est préprogrammé.

Il décroche dans la seconde qui suit. J'ai juste le temps de bredouiller que j'ai fait une bêtise. Il réagit avec le plus grand sang-froid :

– Laurence, tu fais ton dîner ? Avant toute chose, éteins le réchaud. Éteins ton réchaud, et raconte-moi ce qui s'est passé.

En quelques mots, Kjell m'a sauvé la vie. Les vapeurs concentrées sous la tente en avaient fait une bombe en puissance. Une étincelle, et tout était fini.

Je ne sais plus très bien ce qu'il dit dans les minutes qui suivent. Il me donne des ordres précis, « Sors ton duvet », « Aère ta tente », « Aère encore ». J'obéis mécaniquement, dans un état second. À un moment donné, il m'annonce qu'il va déclencher les secours.

— Ce que je suggère, Laurence, c'est qu'on vienne te chercher. Est-ce que tu veux bien ?

Du fond de ma détresse, je réagis instinctivement.

— Non, non, non.

— Il faut qu'on t'aide, Laurence.

— Non !

— Tu veux qu'on vienne te chercher ?

— Non.

— Mais tu ne peux pas rester comme ça. Tu m'entends ?

— Oui.

Assise sur le matelas, dans une semi-conscience, je sens le froid m'envahir. Cela fait des heures que je n'ai rien bu et rien mangé. Une toux violente m'arrache la gorge. Rien ne peut m'aider, sinon la voix au bout du fil.

— Il faut absolument que tu ventiles la tente. Fais rentrer de l'air frais à l'intérieur. Comment est ton estomac ? Que ressens-tu ?

— Je ne me sens pas bien.

— Tout d'abord, Laurence, il faut que tu me donnes ta position.

— C'est 72 ° 32' 01" S et 129 ° 59' 09".

— Il est très important maintenant que tu prennes l'air et que tu gardes ton corps au chaud. Mets ta combi en duvet.

— Je l'ai sur moi.

— D'accord. Quelle est la température ? Il fait froid ?

— Oui, il fait froid.

— Laurence, Thierry va venir et on va essayer de te dire quoi faire. D'abord, aère ta tente, c'est le plus important. Tu es sûre qu'il n'y a pas de white gaz ailleurs que sur ton duvet ?

— Je crois qu'il y en a sur un de mes pull-overs.

— Jette-le dehors.

– Je ne sais pas lequel c'est.

– Si ça sent fort, n'allume pas le réchaud sous ta tente. Voilà Thierry. On va d'abord voir ce qu'il faut faire pour les maux de ventre. Si ça ne va pas, essaie de respirer de l'air frais, Laurence, c'est très important.

Depuis que j'ai ouvert en grand et que les vapeurs ont commencé à se dissiper, j'ai repris du poil de la bête. Je n'ai qu'une idée en tête, aller chercher le duvet dehors dans la neige et me glisser à l'intérieur.

– Tu as une meilleure voix, fait Kjell. Nous devons te donner des conseils médicaux, Laurence, et ensuite nous occuper de ton équipement. Est-ce que ça sent toujours l'essence ?

– Non, moins maintenant.

– Comment vas-tu ?

– Mieux.

– C'est bien. Je suis content d'entendre ça.

– Tu crois que je peux être intoxiquée ?

– Un peu, mais je ne pense pas que ça dure. Le problème est que, lorsque tu as sorti ton duvet plein de carburant, les émanations ont rempli la tente. C'est pour ça qu'il fallait que tu le mettes dehors. Thierry est près de moi, je te le passe.

Je grelotte toujours autant, et les attentions commencent à me peser. Le médecin de Dumont d'Urville est particulièrement volubile.

– Allô, Laurence, bonjour, vous me racontez un peu ce qui s'est passé ?... Bon... Vous allez rester tout près de la tente. Il faut l'aérer régulièrement, pour que toutes les vapeurs toxiques s'envolent. C'est un carburant comme le pétrole, qui vous permet de chauffer votre tambouille ? Il est certainement irritant pour les voies respiratoires, et c'est pour ça que vous toussez. Si vous restez dans cette ambiance-là, le taux d'oxygène va diminuer, et vous allez saturer en gaz carbonique. Vous risquez de faire une intoxication au CO, ce qui est grave, d'accord? Pour l'instant, vous avez bien fait de laisser votre sac de couchage dehors, pour qu'il s'aère, et vous allez faire des séquences en ouvrant votre tente pour que tout l'air soit brassé, OK? Essayez de respirer tranquillement, sans vous énerver, la toux va diminuer progressivement. Le problème, c'est qu'il va rester un peu d'essence sur le duvet. Vous en avez un autre? Non? Bon... Est-ce que l'essence est près de votre tête ou près de vos pieds? Près de vos pieds? C'est moins embêtant.

Thierry endosse ensuite sa blouse de médecin.

— Vous savez prendre votre pouls, Laurence? Vous êtes gauchère ou droitière?

— Droitière.

— Avec l'index et le majeur de la main gauche, vous cherchez votre pouls. Vous comptez les pulsations sur une période de quinze secondes et vous me dites combien ça fait, d'accord?

— Vingt et un.

— Donc, ça vous fait une fréquence cardiaque à 84. Combien avez-vous habituellement?

— Je ne sais pas.

— C'est normal, vous êtes un peu énervée. Vous savez quel jour on est?

— Je ne sais pas.

Thierry commence à s'alarmer.

— Quel est le président de la République française? demande-t-il.

— Mitterrand.

— Bon, très bien.

— Mais non, c'est Chirac! lui dis-je, prenant conscience de ma bévue.

— Très, très bien. Quelle heure avez-vous? Moi, j'ai 20 h 45. Dans une heure, on vous rappelle. D'ici là, vous

135

faites les séquences, vous restez près de la tente, vous agitez votre duvet ; en plus, ça va vous faire du bien et vous obliger à respirer un peu plus fort. Vous vous réchauffez dix minutes sous la tente, puis vous ressortez et vous recommencez.

Noyée sous l'avalanche de ses conseils, que je n'ai nullement l'intention de suivre, je tente de reprendre mes esprits. S'il s'imagine que je vais aller m'agiter dehors...

Kjell retrouve le contrôle des opérations.

– Je suis là, avec Jean-Gabriel et Éric. Tu sais, il y a des gens qui sniffent de l'essence juste pour rigoler, pour partir un peu. Ce n'est pas grave. Tu as froid ?

– Un peu, mais je pense que c'est parce que je suis fatiguée.

– Comment puis-je te réchauffer ?

– Je ne sais pas. Peut-être qu'en me faisant à manger...

– Mais je veux vraiment faire quelque chose pour te réchauffer !

J'éclate de rire. Kjell sent qu'il a gagné la partie.

– Tu te souviens, Laurence, de ce que tu disais à mon fils, pendant l'ascension du Mont-Blanc ? « C'est juste une question de tempérament. » Montre-nous ton tempérament !

*9 janvier 2000*
*72° 05' 42" S – 130° 57' 33" E*
*2077 kilomètres du pôle Sud*
*– 30 °C*

Il est plus fort et plus puissant qu'aucun des amis que j'ai jamais eus. Sauvage, bruyant, complètement fou. Puis calme, doux, passionné parfois. Il arrache la neige du sol, faisant voler les pierres. Immobilisant le paysage en une succession de vagues ou en une surface bleutée parfaitement polie. Parfois endormi, comme un ours dans sa tanière attendant le printemps. Plus froid que la glace sous le ciel pur. Des jours entiers de vêtements figés par le froid, les moufles, le bonnet. Lorsqu'il s'endort, le seul bruit à rivaliser avec le crissement de mes pas sur la neige, ce sont les battements de mon cœur. Comme une sorte de musique dont le rythme devient essentiel, la preuve audible de ma progression.

Soudain, l'air froid se presse à nouveau contre mon visage, mes mains. De plus en plus fort, il m'enveloppe comme un animal prêt à me dévorer. Parfois, pendant la nuit, j'essaie de l'écouter. Mais rien. Je me concentre pour tenter de percevoir le moindre frémissement, puis retombe dans un sommeil incertain, blottie au fond du cocon que forme mon sac de couchage. Au petit matin, la respiration a formé tout autour du plafond une sorte de toile d'araignée, œuvre éphémère que le moindre geste réduit en poussière.

Je repars toute seule, un peu alanguie. Mon ami revient l'après-midi. Tout d'abord doux comme une plume me caressant le visage. Puis, encore et encore, il se déverse autour de moi comme un torrent. Délicatement, il décolle les flocons de neige du sol, puis les lance de plus en plus brutalement à droite et à gauche. Je ne tarde pas à l'entendre gronder dans mes oreilles, mais il va dans le mauvais sens. Petit à petit, de plus en plus froid jusqu'à ce qu'il devienne une terrible douleur, comme une punition pour une faute que je n'ai pas commise. C'est une erreur, une injustice. Encore plus froid, si froid que, maintenant, je n'ose pas m'arrêter. C'est la guerre. Chaque cristal me frappe comme une bombe microscopique. Je sens la mort rôder autour de moi. En même temps, c'est la vie, l'oxygène et l'eau. Un puzzle de paradoxes, l'énigme d'un combat sans fin qui me pousse en avant.

Enfin, un jour, le bruit change. Quelque chose de nouveau arrive, quelque chose que je n'osais plus espérer. Je me relève brusquement, j'écoute, je sens. Je cours vers le traîneau et sors une voile, n'importe laquelle. Mes mains tremblent, je vérifierai la direction plus tard. Vite, ma combinaison en duvet. Attention, ne pas emmêler les suspentes. Je lève timidement le wishbone. La voile bondit dans l'air comme un cheval sauvage, je m'élance derrière elle. Glissant sur la neige, j'incline les genoux pour garder le bon cap. Il est là, avec moi. Rien devant et, derrière, juste la trace des skis et du traîneau, preuves de mon passage dans l'inconnu, le désert blanc. Nomade des neiges, derrière l'horizon, les marques auront disparu. Hurlant, chantant, enfin réchauffée par l'exaltation.

J'écoute à nouveau, j'avance, me repose parfois et passe d'un jour à l'autre. Seule, mais avec lui. Secouant ma tente la nuit, étirant ma voile pendant la journée. Parfois, il me fait peur, me bouscule, me harcèle, au point de n'être plus certaine qu'il est encore mon ami. J'essaie de négocier, ajustant les suspentes, la surface de la toile, m'adaptant à ses caprices et à ses sautes d'humeur. Le chemin semble plus facile, puis, soudainement, il disparaît. Alors je continue en marchant tout doucement, tirant la charge en attendant, abandonnée et solitaire. Mais il revient, sautant sur ma tente comme un chien sur un lit. Allez, on y va ! Alors, main dans la main, nous repartons vers l'au-delà, vers ce qu'il est le seul à connaître.

Hier, mon ami le vent m'a fait faux bond. Je me suis traînée péniblement pendant deux heures, en espérant que la marche allait faire disparaître mes maux de tête. Ensuite, je me suis arrêtée pour grignoter quelques gâteaux salés. Un peu plus tard, j'ai commencé à avoir des nausées. Les crackers avaient été contaminés par le carburant. Ajoutés au calme plat, les vomissements étaient une très bonne raison de faire une halte, d'autant que je n'avais pas pris de repos depuis Dôme C.

Aujourd'hui, journée sans histoires. Je parcours 48 kilomètres avec un petit vent de travers dans le sillage de la 24 m$^2$. Le soir, Kjell me dit qu'il vient d'avoir un message de Diana, l'Américaine qui m'avait si chaleureusement accueillie au pôle Sud et à laquelle il donne régulièrement de mes nouvelles.
— Elle te félicite pour ton expédition. Figure-toi qu'elle m'a raconté qu'après ton départ d'Amundsen-Scott, les gens de la base avaient installé une longue-vue pour pouvoir te suivre le plus longtemps possible.

— Ce que tu me dis ne m'étonne pas. Pendant long-temps, je ne me suis pas sentie seule...

— Et tu sais quoi? Les deux Australiens qui étaient avec toi à Punta Arenas et qui tentaient la traversée de l'Antarctique ont échoué.

— Ah bon? Les pauvres... Que s'est-il passé?

— Trois jours après leur départ du pôle Sud, un bidon de cinq litres de fuel s'est renversé au milieu de leurs rations de nourriture et tout a été contaminé. Au fait, toi, comment ça va?

— Nettement mieux, mais je crains de n'avoir pas assez de carburant pour atteindre Dumont d'Urville.

— Il t'en reste combien?

— Environ un litre. Le problème, c'est que j'avais prévu d'aller nettement plus vite.

— Écoute, nous avons la chance de travailler en équipe, avec des gens extraordinaires, qui se sentent tous concernés. Parles-en à Patrice, j'en discute de mon côté avec l'Institut polaire. Nous allons forcément trouver une solution.

— Je ne m'inquiète pas, dis-je. En fait, j'ai l'impres-sion que le pire est derrière moi.

Ce que j'ai du mal à supporter maintenant, c'est le froid, qui augmente de plus en plus. Pendant l'été austral, il fait jour vingt-quatre heures sur vingt-quatre à l'intérieur du continent antarctique. Mais, au fur et à mesure que je m'éloigne du pôle et que l'hiver approche, le soleil passe derrière l'horizon pendant les heures nocturnes. Il continue à faire jour en pleine nuit, mais je n'ai plus de rayonne-ment solaire direct sur la tente et n'arrive plus à me réchauffer. Quand je m'arrête, généralement exténuée, je m'endors comme une masse sous le poids de la fatigue, mais, au bout de deux heures, je m'éveille, grelottante, maudissant l'Antarctique. J'ai beau me glisser dans le sac de couchage avec la combinaison en duvet et tous les vêtements superposés, j'ai beau installer des rations de nourriture entre le matelas et la neige pour m'isoler le plus possible du sol, je suis transpercée par le froid.

La nuit dernière, il faisait − 35 ° sous la tente. J'avais serré au maximum le cordon du sac de couchage autour de ma tête, protégée par trois cagoules, et mis la bouche face au trou pour respirer à peu près librement. Le plus terrible, au matin, c'est d'atteindre le curseur de la fermeture Éclair qui est pris dans la glace, de le dégager, puis d'ouvrir le sac de couchage et de recevoir en pleine figure toute la glace qui s'est formée pendant la nuit.

Lorsqu'il fait mauvais plusieurs jours de suite, le duvet ne dégèle plus. Ses qualités calorifiques diminuent à grande vitesse. Même si je suis persuadée que, dans ce troisième millénaire, on pourra partir en expédition par − 80 ° avec des combinaisons de cosmonaute en version souple, là, je frôle l'impossible.

*10 janvier 2000*
*71° 59' 02" S – 131° 11' 36" E*
*2092 kilomètres du pôle Sud*
*– 29 °C*

Ce matin, j'attendais désespérément que Kjell appelle pour me donner des informations météo. Le téléphone était en marche. La sonnerie retentit.

– Allô ?

– *Laurence ? Hi, Paolo speaking.*

Je reste un instant sans voix.

– Je t'appelle de Paris, poursuit-il. J'ai entendu à la radio que tu avais eu un gros problème. Est-ce que je peux faire quelque chose pour toi ?

Soudain, la mémoire me revient. J'ai rencontré cet Argentin à Patriot Hills avant le départ. Il faisait partie d'un groupe cosmopolite de touristes fortunés. Certains étaient venus pour poser le pied au pôle Sud, d'autres pour aller observer les manchots sur la côte. Nous avions passé quinze jours tous ensemble, à attendre que l'avion veuille bien décoller. Ce grand brun aux yeux bleus m'avait raconté qu'il était chercheur de pierres précieuses.

Au fil des jours, dans la tempête, nous avions échangé quelques confidences. Ayant fait fortune, Paolo s'apprêtait à réaliser son rêve. Il allait monter un élevage d'autruches quelque part en Afrique et s'était inquiété de savoir si j'aimais les animaux.

J'adore les chiens, avais-je répondu.

– Et les autruches ?

– Euh... Bof...

– Parce que, tu sais, je suis à la recherche d'un associé. Je pense qu'il pourrait être intéressant de peindre les œufs et de les commercialiser. Comme je ne suis pas très artiste...

– Moi non plus !

– Oui, mais tu es une femme de goût.

Vu mes perspectives, j'avais refusé de m'engager plus avant. À dire vrai, je ne pensais pas une seconde que Paolo viendrait me relancer par 71 ° sud.

– Je suis sur les Champs-Élysées. Quand rentres-tu ?

Étant à des milliers de kilomètres de lui, géographiquement et psychologiquement, je m'imagine très mal lui donnant rendez-vous.

– Je n'arrête pas de penser à toi. Tu me manques beaucoup, Laurence.

– Hum...

– Veux-tu m'épouser ?

Je reste muette, partagée entre l'attendrissement et une irrésistible envie de rire.

– Il faut que tu me laisses réfléchir un peu, dis-je enfin, histoire de ménager sa susceptibilité.

– Alors, j'attends que tu m'appelles, fait Paolo, confiant.

À peine ai-je raccroché que le téléphone sonne à nouveau.

– Bonjour, c'est Kjell. Il y a un problème, ça fait dix minutes que j'essaie de te joindre.

– On a dû perdre le signal, dis-je avec une immense mauvaise foi.

– J'ai bien étudié les cartes, et il est possible que le vent tourne plus à l'est.

— Ce qui signifie du vent de face ?

— Pas forcément, mais il faut que tu sois préparée à ça.

— Bon, d'accord, je te rappelle ce soir.

Dès que je mets le nez dehors, je découvre cet incroyable phénomène que Kjell et moi avons baptisé « serpents de neige ». Il s'agit d'un vent au ras du sol, qui soulève les particules gelées et les fait onduler entre les sastrugis. Parfois, il cache les pieds ou les skis, comme de l'écume sur une grève. Plus le vent forcit, plus le voile s'épaissit, jusqu'à devenir une sorte de raz de marée de neige.

Je relève la tête et prends une rafale en pleine figure. Le vent est vraiment contre moi, au point que j'hésite à partir. Je sais que, dans ce genre de situation, il va me falloir une énergie considérable pour parcourir quelques malheureux kilomètres. Il est certain que si je restais sous la tente, sans bouger, je pourrais économiser de la nourriture, et donc du carburant. Mais, d'un autre côté, le vent peut tourner, et je peux progresser plus que prévu. Placée devant un véritable dilemme, il faut que je fasse un choix. Je décide de lever le camp.

La visibilité est nulle. La neige vole à l'horizontale. Je démarre en sachant que je vais devoir inventer des solutions pour me protéger. Très vite, je suis confrontée à une situation parfaitement paradoxale : je transpire à cause de l'effort généré par la traction du traîneau et, en même temps, la partie de mon corps exposée au vent gèle. Pendant deux heures, j'improvise. J'enlève une manche, puis mets une cagoule supplémentaire, avant d'ouvrir une fermeture Éclair. Finalement, je sors le sac de bivouac et le coince sous mon masque du côté où le vent me fouette. Sous ce chèche en goretex, j'ai l'impression de jouer dans *un remake glacial de Tintin au pays de l'or noir.* Le tissu gêne la ventilation du masque au point qu'une croûte de gel se forme à l'intérieur. J'avance en aveugle pendant des heures et des heures, afin de respecter une « routine antarctique ». Un tel acharnement me permet d'ajouter quinze kilomètres au compteur. À 7 heures, je m'écroule. Il me reste tout juste la force de monter ma tente avant d'appeler Kjell.

— Je suis inquiète, lui dis-je. Je me rends compte que la réserve de carburant diminue très vite par rapport à ma progression. Je n'arriverai jamais à Dumont d'Urville avec ce qui me reste.

— Est-ce que tu peux faire fondre la neige sans la chauffer ? En mettant une bouteille dans ton sac de couchage, ou quelque chose comme ça ?

— Je n'ai pas de récipient, à part le thermos. En plus, je dors dans la combinaison en duvet et, même avec ça, je me gèle. Je ne m'imagine pas du tout faire fondre de la neige contre mon corps ! Je n'ai jamais eu aussi froid. Mes réserves s'épuisent de plus en plus. J'ai du mal à lutter.

— Écoute, les gens de la météo et moi, on va essayer de t'aider.

— D'accord, mais comment ?

— C'est très simple, dit Kjell. On va faire la danse du vent.

*11 janvier 2000*
*71° 59' 02" S – 131° 11' 36" E*
*2092 kilomètres du pôle Sud*
*– 28 °C*

La tempête s'est levée dans la nuit. Le vent hurle sur le plateau, et j'ai l'impression d'être dans un shaker géant. La congère qui s'est formée sur le côté droit de la tente, à l'extérieur, réduit d'heure en heure mon espace vital. À l'intérieur, la condensation est telle que chacun de mes gestes provoque une pluie de particules glacées. Je finis par prendre une casserole et racle consciencieusement, à la cuillère, chaque centimètre carré de toile.

Au petit matin, je risque un coup d'œil dehors. Les conditions sont encore pires qu'hier. Inutile, pour l'instant, de tenter une sortie, d'autant que mes affaires sont encore raides de glace et que je n'ai aucun moyen de les faire sécher.

Étant donné que je ne progresserai pas et que mon essence s'épuise, j'ai pris la décision de ne rien boire et de ne rien manger. Appliquant le vieux dicton que m'avait appris mon grand-père, « qui dort dîne », je me mets en hibernation au fond du duvet.

Rares sont les expéditions sans histoires de carburant. Il y a neuf ans, pendant la fameuse course de chiens de traîneau d'Alaska en Sibérie, des déposes de méthanol avaient été organisées pour que les participants puissent alimenter leurs réchauds. Les Eskimos ont trouvé les caches et ont bu le carburant. La plupart en sont morts.

C'était à l'époque de ma première incursion dans le Grand Nord. Après des années de haute montagne dans les Alpes et dans l'Himalaya, j'avais résolu de traverser la Sibérie d'ouest en est, au niveau du cercle polaire arctique. L'une de mes tantes, Joëlle Robert-Lamblin, spécialiste du Groenland, m'avait proposé de me joindre à une expédition internationale sous l'égide d'organismes officiels russes et du CNRS. Leur objectif était d'attirer l'attention sur les peuples du Grand Nord, et en particulier les habitants de la Tchoukotka, la région la plus orientale de Sibérie. Cette région était, jusque-là, totalement inaccessible.

Participer à ce projet me permettait de bénéficier des autorisations indispensables pour atteindre le centre de la Sibérie. À partir de là, il était prévu que je commence le repérage sur la banquise avec une équipe d'Eskimos et une meute de chiens de traîneau, le but étant de me familiariser avec le terrain et d'établir les contacts essentiels à une future expédition.

Ainsi, le 6 avril 1991, nous embarquons à Leningrad dans un vol spécial, pour une longue traversée aérienne jusqu'aux confins de la Sibérie. Onze heures de décalage horaire, plus de quinze heures de vol entre jour et nuit pour constater, en arrivant à Providenya, qu'aujourd'hui était demain en France.

Étrange et triste paradoxe. Ce pays, qui pourrait être l'un des poumons de notre univers, est hérissé d'usines crachant d'infâmes fumées noires qui nous brouillent la vue et surtout l'odorat. La neige immaculée, le fascinant paysage lumineux que nous avions survolés pendant de longues heures s'étaient transformés en une immonde gadoue visqueuse.

Notre camp de base est un brise-glace, immobilisé dans le port de Providenya. Il me faudra patienter plusieurs jours avant de pouvoir réunir les attelages nécessaires à un parcours sur la banquise. Je passe le temps en longues discussions avec les scientifiques.

C'est ainsi que je découvre un personnage fascinant. Danois par sa mère, eskimo par son père, Ingmar est groenlandais. Il consacre sa vie à défendre les intérêts de son peuple. Sous des dehors un peu austères, ce merveilleux conteur me fait rêver avec des histoires de chants de baleines et de chasses à l'ours.

À la fin du mois d'avril, le signal du départ est donné. Abandonnant le groupe de scientifiques qui poursuit ses travaux de recherche, je rejoins les trois Eskimos chasseurs de morses qui me serviront de guides. Le vent souffle, la température atteint − 30 ° et la combinaison en duvet, que je portais à l'Everest six mois plus tôt, suffit à peine. Je suis prête, bien qu'un peu déconcertée par l'allure des attelages. Quelques morceaux de bois liés par de vieilles ficelles et une trentaine de chiens efflanqués sont censés me permettre de mener à bien cette expédition.

Et nous voilà en route. Tout est blanc, d'un blanc immense, intense et sans limites. Les repères entre terre et mer sont à peine perceptibles : une odeur, une sensation ou un changement topographique. Lorsque je m'envole littéralement sur la glace derrière les douze chiens en plein effort, j'ai l'étrange impression d'entendre le bruit des vagues. Le traîneau glisse par intermittence sur la glace vive puis sur une légère couche de neige, et cette alternance semble reproduire le murmure plus ou moins puissant du ressac.

Les chiens sont heureux de courir, et leurs museaux pointent avidement dans une direction déterminée par les claquements de langue et les grognements des mushers [1]. Les heures passent, ils se calment, puis repartent subitement, hurlant, aiguillonnés par une odeur ou un cri, ou, mieux encore, par l'apparition d'un autre attelage. Les chasseurs de la région ne se déplacent pas autrement, et chaque rencontre se termine inéluctablement par une vaste mêlée, dans laquelle il est difficile de retrouver son petit.

Une rafale de vent glacial balaie le plateau antarctique. Je me recroqueville au fond du duvet. Je me souviens aussi qu'en Sibérie j'apercevais de grandes failles sur la mer gelée, dans lesquelles, par moments, l'un des patins du traîneau ou l'arrière-train d'un chien disparaissait. J'étais prête à bondir, mais ne me faisais pas beaucoup d'illusions. Si la glace cassait, les chances de s'en sortir étaient faibles.

Au gré de la météo, du terrain et de rencontres étonnantes, les jours s'étaient écoulés. Pas d'ours polaire. Pourtant, nous étions équipés d'une vingtaine de lance-roquettes et de trois fusils avec lesquels j'avais dû me familiariser avant le départ.

Au bout de deux semaines, nous avions découvert une petite roulotte en bois, posée sur la neige. Tout autour, du matériel de chasse, des chiens et des peaux de renne plus ou moins fraîches en train de sécher. Deux Tchouktches nous avaient accueillis à bras ouverts, nous offrant un verre de thé accompagné d'un morceau sanguinolent de foie cru. Je connaissais les sauterelles grillées du Mexique, les gros vers blancs d'Amazonie, les ragoûts de chien de Sumatra, la graisse rance de yack, mais là, le cœur au bord des lèvres, j'avais fait mine de me régaler tout en laissant habilement le morceau dans la gamelle.

_____

1. Mot désignant celui qui dirige l'attelage de chiens de traîneau.

Le voyage s'était terminé à quelques heures de Lawrentia, un petit village dont les habitants vivent de l'élevage de renards bleus. Venu me récupérer, un énorme hélicoptère nous avait survolés dans un vacarme effrayant, affolant les chiens, avant d'atterrir à quelques mètres de nous. En me précipitant à l'intérieur, j'étais tombée dans les bras d'Ingmar.

— Je suis si contente de te retrouver, j'avais tellement froid !

Je ne savais pas que cette phrase allait donner naissance à trois ans de passion.

*12 janvier 2000*
*71° 38′ 22″ S – 131° 52′ 36″ E*
*2137 kilomètres du pôle Sud*
*– 32 °C*

Ce matin, le vent semblait s'être un peu calmé. J'ai décidé de lever le camp. Après une journée de repos, je devais repartir, quitte à m'arrêter, si nécessaire, au bout de deux heures.

Je range le matériel et replie la tente avec des gestes mesurés. Hier, je me suis contentée d'un verre d'eau et d'un petit cube de graisse. Mes forces, je m'en rends compte, ont diminué. Il faut à tout prix que je les économise pour tenter de progresser.

Le vent est à 90 °. Je sors la 10 m², pars et me fais embarquer. Soulevée du sol, je retombe brutalement sur les barres du traîneau, qui traversent ma combinaison de part en part. Un nuage de plumes me passe sous le nez. Je l'ai échappé belle. Au lieu d'abîmer le tissu, les barres auraient pu me trouer la peau.

Le vent est trop fort pour la voile. J'ai récupéré à Dôme C une 7 m², et deux voiles tempête de 4 et 2 m². Je décide d'essayer la 7 m². Fabriquée en Norvège, elle a une forme particulière, plus allongée que les autres. À peine en l'air, elle se tortille dans tous les sens. Elle aurait été parfaite par vent arrière, mais, par vent de travers, elle se révèle totalement incontrôlable. Son comportement me met hors de moi. Je retire le wishbone et la fourre tant bien que mal dans le traîneau.

C'est décidé, je n'y toucherai plus.

Cela fait deux heures que je me bats dans les rafales de vent. Même si j'ai de plus en plus froid, je ne veux pas abandonner. Il y a une solution. Jusqu'à présent, elle m'échappe, mais je vais finir par la trouver. Mon choix, de plus en plus restreint, se porte sur la 4 m². Wolf me l'a fabriquée juste avant le départ, en me disant qu'elle serait miraculeuse dans les vents violents. Je place en elle tous mes espoirs. Lorsque je la déploie, elle se gonfle, mais ne suffit pas à me tracter. Sentant qu'elle a du potentiel, je décide d'allonger les suspentes, pour qu'elle prenne mieux le vent. C'est une tâche extrêmement minutieuse. Il faut défaire et refaire des petits nœuds sans rien emmêler. Je sors le sac de bivouac, m'abrite et me mets au travail à mains nues. Le froid est extrême. Si ça ne fonctionne pas cette fois-ci, il faudra que je monte le camp.

Je bricole pendant près d'une heure. La toile du sac de bivouac fait un vacarme intenable et me gifle le visage à chaque claque de vent. De nouveau attelée au traîneau, j'exhorte la brise pour qu'elle m'emporte. Mais, si le système fonctionne, ma vitesse n'est pas supérieure à celle de la marche. Cette fois-ci, j'abandonne. Et puis non. Allez, une nouvelle tentative. La dernière. Ayant réduit au maximum les caissons de la 10 m², je repars avec elle. Et là, j'avance. Il ne me reste plus qu'à retendre les suspentes du milieu pour trouver le bon équilibre.

Lorsque je m'arrête, je découvre que j'ai parcouru 45 kilomètres, une performance dans de telles conditions. Je me suis battue comme une malade, pratiquement sans faire de pause, puisque je n'avais, de toute façon, rien à boire ni à manger. J'ai évolué toute la journée dans une

Tous les jours après le dîner, j'appelle Kjell, mon radio-opérateur, à Dumont d'Urville. Soutien logistique, mais surtout moral et amical, indispensable. Kjell a cette générosité de savoir se consacrer à l'autre sans jamais empiéter sur son territoire.

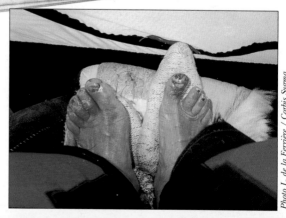

Compagnon des moments d'espoir et de découragement, mon journal de bord que je retrouve chaque soir sous la tente.

Victime de graves gelures aux pieds, je suis contrainte de débrider moi-même les plaies pour juguler l'infection. L'opération me donne la nausée mais grâce à elle je peux continuer à avancer.

Être le premier être humain à poser les pieds sur une terre totalement vierge, voir ce que personne n'a jamais vu est un privilège extraordinaire…

Premier objectif atteint : au bout des 1 664 km jusqu'alors totalement inexplorés de mon parcours, j'arrive à Dôme C le 30 décembre 1999.
Toute l'équipe de la base franco-italienne m'accueille avec des hourras qui me font chaud au cœur.

Champagne, chocolats et même… tournesols en papier que m'offre Jean-Louis, le cuisinier. La tête me tourne, les gens rient autour de moi. C'est sûr, je suis arrivée !

DOUCHE COMMUNALE DE DOME C

BON POUR UNE DOUCHE GRATUITE
EAU CHAUDE A VOLONTE

75°06'04'' SUD – 123°20'54''        Validité de l'offre : 31/12/99

Photo J.-G. Leynaud / Gédéon / Corbis Sygma

Photo G. Dargaud / Corbis Sygma

Ci-dessous : Je n'oublierai jamais le passage à l'an 2000 dans le plus grand désert du monde. Plantée au milieu de la base, une tente sert de salle de bal. En charentaises, j'entame un rock endiablé sur « We are the champions ».

Photo J.-G. Leynaud / Gédéon / Corbis Sygma

LA COMMUNE DE DÔME C.
offre à
**Laurence de la Ferriére**
Au choix :
-1 place pour une tente et un véhicule ; petit déjeuner inclus
-1 chambre chez l'habitant ; petit déjeuner inclus (parking non gardé)

75°06'04'' SUD – 123°20'54''EST

DÔME C. le 29-12-1999

C'est la première fois qu'un être humain atteint Dôme C à pied. Beaucoup d'attentions et d'humour pour atténuer la solennité de ce moment.

Je mets à profit mes quelques jours sur le convoi du raid de l'Institut polaire pour apprendre à conduire le Challenger, sorte d'énorme tracteur des neiges.

Non seulement je suis la première femme à monter sur le raid, mais peut-être la seule à savoir manier ce genre d'engin, à la grande fierté de mes compagnons.

Photos Kjell Ove Storvik / Corbis Sygma

Photo J-G. Leynaud / Gédéon / Corbis Sygma

Kjell vient à ma rencontre. Nous sommes tous les deux incroyablement émus.

« C'était un long voyage », dit-il en me serrant dans ses bras.

Photo J.-G. Leynaud / Corbis Sygma

*Ci-dessus* : de l'*Astrolabe* qui va me ramener vers la civilisation, on m'avait brossé un tableau apocalyptique et prédit une traversée mouvementée. Finalement, ça s'est plutôt bien passé !

*À gauche* : 7 février 2000. Dernière ligne droite… Propulsée par ma voile, j'approche de Dumont d'Urville à pleine vitesse. Au bout de 73 jours et 2 800 km de solitude, je suis à quelques centaines de mètres de la côte…

*Ci-dessous* : dernière photo de groupe à Dumont d'Urville avant d'embarquer sur l'*Astrolabe*. Avoir senti derrière moi en permanence la solidarité de toute une équipe restera l'un des plus beaux souvenirs de mon aventure en solitaire.

Encore quelques minutes de contemplation,
accoudée au garde-corps du bateau.
Nous nous éloignons peu à peu de l'Antarctique
et je sais déjà qu'une nouvelle aventure commence.

sorte d'état second en m'efforçant de ne jamais perdre contact avec la réalité.

Avant d'appeler Kjell, je prépare à dîner. Enfin, façon de parler. Si la réserve de carburant me permet de faire fondre assez de glace pour boire un verre, elle m'interdit de chauffer de l'eau. Je dois me contenter d'un repas déshydraté. Je mastique laborieusement un curieux mélange de granulés de viande grasse et des flocons secs de pomme de terre, tout en essayant de penser à autre chose.

– Je suis impressionné par ta progression, déclare Kjell, un peu plus tard.

– J'ai passé quatre heures à trafiquer les voiles. Tu verrais l'état dans lequel je suis...

– Ce qu'il y a de très positif dans cette expédition, c'est que tu expérimentes des techniques auxquelles tu n'avais pas pensé, et qui finissent par marcher.

– Je fais ce que je peux, mais il faudrait maintenant que la météo s'améliore, parce que je n'ai plus de carburant.

– Michel dit que le vent va tourner demain, venir plus de l'arrière.

– Il y a deux jours, tu m'as déjà annoncé que ça allait changer !

– Je fais de mon mieux, Laurence... Michel a dit avant-hier que ça changerait aujourd'hui. Ce matin, il a déclaré que ça changerait demain.

– Oui, mais quand, demain ? Le matin, l'après-midi ou le soir ?

– Nos prévisions météo sont pour le matin, à 10 heures locales. À cette heure-là, les basses pressions vont passer plus à l'est et le vent tournera. Combien te reste-t-il de fuel ?

– Un demi-litre. De quoi tenir deux jours, au grand maximum. Je mange froid, je bois froid, j'ai froid, tout est humide parce que je ne peux rien faire sécher, tout est gelé. C'est très, très dur.

— Je comprends, Laurence, mais que faire ?

— Est-ce que tu crois qu'un avion pourrait larguer du carburant ?

— Le mieux, c'est que tu en parles à Patrice.

— Penses-tu que le temps va se dégager ?

— C'est difficile à dire, parce que je n'ai pas la carte sous les yeux. Je vais aller à la météo et je te rappellerai.

— Est-ce qu'un vol est prévu demain ?

— Je ne sais pas, mais il y a vingt-deux Italiens qui doivent arriver à Terra Nova Bay pour prendre le bateau. Il faut que j'appelle pour connaître la date exacte. Je peux comprendre que tu sois inquiète, mais, si la situation est grave, elle n'est pas désespérée.

— Peut-être... Écoute, Kjell, je vais appeler Patrice. Est-il déjà à Prudhomme ?

— Non, il lui reste encore 85 kilomètres à parcourir. Le raid est dans le whiteout, si bien qu'il n'avance pas très vite. Il se peut même qu'il stoppe pour attendre que ça se dégage. De plus, sur les 64 derniers kilomètres, il y a des crevasses, et il faut faire très attention.

— Si, demain, j'ai le même vent qu'aujourd'hui et qu'il vienne de face, je ne pars pas. Je ne peux ni boire, ni manger...

— Je sais. L'homme de la situation, c'est Patrice. Comme tu es entre ses mains, si j'ose dire, tu peux être sûre qu'il va s'occuper de toi. Il prend ses responsabilités au sérieux.

— Je suis certaine qu'il va faire son possible. Mais il ne faut pas qu'il affrète un avion pour moi, il faudrait qu'il profite d'un transport de passagers pour me faire larguer du fuel.

— Oui, Laurence, à condition que ça puisse s'organiser très vite. Écoute, je vais voir la météo et je te rappelle.

Je raccroche et contacte « l'homme de la situation ». Depuis le convoi, Patrice a déjà tout prévu. Un avion chargé de ravitailler Dôme C aura une mission supplémentaire, celle de m'apporter quelques précieuses bouteilles de carburant. Il est entendu que, demain, je téléphonerai toutes les deux heures à Patrice, pour lui donner ma position qu'il retransmettra au pilote. La réussite de l'opération dépend bien entendu de la météo.

Une demi-heure plus tard, je raconte tout cela à Kjell.

– Quelles nouvelles du temps pour demain ?

– Pas du grand beau, mais ce sera meilleur. Voici ce que dit le bulletin : « Une zone importante de basses pressions de 950 millibars se situe par 63 ° sud et 124 ° est et progresse vers l'ouest. » C'est ce qui a causé du mauvais temps dans ton secteur. Ça devrait être bon pour toi aujourd'hui et demain, mais, jeudi, ça risque de se gâter un peu.

– Ma seule préoccupation est que l'avion vienne au plus vite.

– À propos d'avion..., fait Kjell, et il commence à pouffer.

– Qu'est-ce qu'il y a ?

– J'ai rêvé que tu marchais dans l'espace. C'était ton dernier défi, le tour du globe terrestre en solitaire, sans assistance. Tu portais une combinaison spatiale et tirais derrière toi un traîneau spatial contenant tout ce dont tu avais besoin.

J'éclate de rire.

– Tu avançais rapidement, propulsée par l'énergie du soleil, poursuit Kjell. Ta voile était un gigantesque panneau solaire. Ton vêtement blanc était recouvert de logos de ton sponsor, un fabricant français de sucre. Une caméra vidéo était fixée en face de toi, capable de transmettre en direct pendant vingt-quatre heures d'affilée. Si nous voulions, nous pouvions te voir en permanence.

155

— Ce n'est pas un rêve, c'est un cauchemar ! Et après ?

— Jean-Gabriel n'était pas satisfait de ces images, si bien qu'il avait loué un spoutnik complètement délabré pour se mettre sur ton orbite. Chaque fois que tu passais, il emmagasinait de nouvelles images.

— Et toi, tu étais où ?

— En Antarctique, bien sûr. C'est l'endroit le plus approprié. Je jonglais entre les médias et toi à l'aide d'un portable de la dernière génération. À un moment, j'étais assis sur mon lit, dans l'abri, contemplant le téléphone. Il affichait un numéro identique au tien, aux deux derniers chiffres près. Quelque chose n'allait pas.

— Mais pourquoi ? dis-je en riant, entraînée dans le rêve délirant de Kjell.

— Parce que cela signifiait que quelqu'un se servait en cachette de mon portable. Je devais trouver le coupable. Alors que je faisais mon jogging au milieu des manchots, j'ai vu une silhouette près de mon abri, qui téléphonait en s'efforçant de ne pas se faire remarquer. C'était Thierry, le médecin. J'ai couru pour l'attraper, mais, le temps que j'arrive, il avait filé. Le téléphone était revenu à sa place, sur mon bureau. J'ai fait « bis » pour découvrir qui il avait appelé : c'était toi ! Je t'ai demandé si tu venais d'avoir Thierry. « Oui, m'as-tu répondu. Je suis désolée. Tu n'étais pas censé le savoir. J'avais un problème aux bras, à force de m'agripper à la voile solaire. Aujourd'hui, je n'ai fait que 820 kilomètres. »

Je suis prise d'un tel fou rire que les larmes me montent aux yeux.

— À l'aide du crayon GPS, j'ai reporté le point sur la carte. Lorsque je t'ai annoncé que tu étais juste au-dessus du Maroc, tu as répondu que tu voyais Casablanca. « C'est là que je suis née », m'as-tu fait remarquer. Bien sûr, je le savais, mais il y avait autre chose que j'avais désespérément besoin de savoir. « Dis-moi, Laurence, t'ai-je demandé, pourquoi as-tu besoin d'un numéro de téléphone secret ? »

— Et quelle était ma réponse ?

— Tu m'as dit : « Une fille a besoin d'un peu de plaisir, même quand elle est sur orbite. J'ai conclu un marché avec Thierry. Il m'appelle de temps en temps pour me raconter des blagues spatiales, où il est question de grandes blondes stupides. »

— Ton rêve se termine comme ça ?

— Non. Avant de raccrocher, je t'ai donné quelques conseils : « Appelle Thierry si tu veux, mais reste concentrée, Laurence ! Et pas d'accident avec le carburant, s'il te plaît ! Rappelle-toi ce qui était arrivé en Antarctique. Surveille bien tes réservoirs, ou tu ne pourras jamais revenir sur terre ! »

*13 janvier 2000*
*71° 29' 29" S − 132° 09' 40" E*
*2156 kilomètres du pôle Sud*
*− 31 °C*

Boire, boire, boire. Je n'en peux plus de soif. J'ai les lèvres craquelées par la déshydratation et la langue qui colle au palais. Boire, boire. Mais, d'abord, il faut que je mange pour avoir la force de faire fondre de la neige.

J'ouvre en tremblant un sachet de saumon lyophilisé. Mon corps épuisé croit qu'il va recevoir ce dont il a besoin. Je porte un morceau à ma bouche. Ce simple geste me demande un effort de concentration considérable. Après quelques bouchées, je m'approche du sac qui contient le réchaud. Je le prends, soupèse doucement la bouteille de carburant fixée au brûleur et constate avec horreur qu'elle est pratiquement vide.

Je ne suis même pas sûre d'avoir de quoi me faire à boire.

Je pompe trente coups, puis ouvre la valve avec précaution pour libérer le fuel nécessaire au préchauffage sans en perdre une goutte. C'est fait. Maintenant, il faut racler la neige pour qu'elle forme une sorte de coussin homogène au fond de la gamelle et fonde très rapidement, mais sans s'évaporer. C'est fait. Je pose la gamelle sur le brûleur et, tout en épiant les bruits du réchaud, ajoute des copeaux de glace au fur et à mesure. Enfin j'obtiens quelques gorgées. Sauvée !

D'un seul coup, la tension accumulée me tombe dessus. Péniblement, je rampe jusqu'au sac de couchage, en quête d'un peu de chaleur. Mon corps déshydraté est raide comme un manche à balai et j'ai mal de la tête aux pieds. Je m'écroule.

Toute la journée, j'ai attendu un avion qui n'est jamais arrivé. Ce matin, même temps qu'hier. Vacillant sur mes jambes, je pars derrière la voile. La faim et la soif me tenaillent. Je me demande pendant combien de temps je vais tenir le coup.

Le vent gronde en charriant des convois de nuages qui me submergent par vagues. À d'autres moments, les rayons de soleil parviennent à traverser cette masse opaque, faisant scintiller les particules de gel qui m'environnent. Cette rapide alternance de gris, de blanc, de bleu brouille tous mes repères.

Incapable de tenir les skis parallèles, je sens mes jambes qui se dérobent sous moi. Le sol se rapproche dangereusement de ma tête. Je suis à chaque instant au seuil de la chute, au bord de l'accident. Accroche-toi, Laurence, accroche-toi, souviens-toi que chaque pas gagné est un pas vers la victoire...

Dix heures. Première vacation radio avec Patrice Godon. Pour être sûre de ne pas rater le rendez-vous, je m'arrête un quart d'heure avant et m'assieds, le cœur battant, au bord du traîneau, à l'abri du sac de bivouac.

– L'avion est en stand-by à Dumont d'Urville, m'annonce le patron du raid. Pour l'instant, les conditions météo ne lui permettent pas de décoller.

Midi. Deuxième vacation. Le temps est toujours le même. Je me persuade qu'un bon pilote peut y arriver.

– L'équipage fait la sieste pour un éventuel vol de nuit.

À 4 heures, j'attends, fataliste, la dernière vacation.

– Les pilotes ont décidé, par sécurité, de ne partir que très tôt demain matin.

En entendant cela, je m'interdis tout état d'âme. Tant qu'il y a du vent et que je tiens debout, je n'ai qu'une chose à faire : avancer.

Lorsque j'appelle Kjell, du fond de mon sac de couchage, il sait déjà que je suis dans un état critique et qu'il va devoir déployer tous ses talents pour me convaincre que demain sera le bon jour.

– Hier, me dit-il, j'aurais voulu t'encourager, mais c'était vraiment sans espoir. Les gens de la météo et moi, nous étions réellement embêtés. Demain, en revanche, ça va être bon, et l'avion pourra décoller.

– Il faut vraiment que ça s'arrange, parce que je n'ai plus rien. L'avion doit décoller demain, sinon je serai dans une sale situation.

– Il décollera. Jusqu'à présent, j'ai été très gentil avec tout le monde, mais, si la décision n'est pas prise, je me fâcherai très fort. Les ordres viennent de Terra Nova et la logistique dépend des Italiens. Je trouve choquant qu'ils tergiversent pour ménager le confort de leur pilote tandis que, toi, tu risques ta peau !

– Patrice m'a dit que l'avion décollerait à 5 heures et m'atteindrait à 7 heures, 7 h 30. Est-ce que ça correspond à tes informations ?

– Absolument. Quelle est ta position en ce moment ?

– 71 ° 29' 29" Sud, 132 ° 09' 40" Est. Je n'ai parcouru que 19 kilomètres. C'était trop difficile, parce que le vent n'est pas dans le bon sens. Si je n'avais qu'à suivre ma voile, je pourrais progresser vingt heures d'affilée, mais, quand il faut se battre pour chaque mètre, ça demande une énergie considérable, que je n'ai plus ! Il me faut ce fuel demain.

— Tu sais, en Norvège, c'est l'alcool qui est précieux, parce qu'il est hors de prix ! Pour les gens qui gagnent peu d'argent, c'est terrible. Malcolm, un pêcheur, avait fait une bonne pêche, si bien qu'il a acheté un flacon de cognac. Il l'a mis dans sa poche, mais en descendant la rue, tout content, il a glissé sur une plaque de verglas et s'est cassé la figure. Il a senti que sa poche était mouillée et a dit : « Mon Dieu, faites que ce soit du sang ! »

— J'adore les histoires de pêcheurs, de marcheurs, ces histoires toutes simples...

— Celle-là, elle est tout à fait pour toi, étant donné ta situation...

*14 janvier 2000*
*71° 14' 29" S – 132° 36' 59" E*
*2188 kilomètres du pôle Sud*
*– 28 °C*

Lorsque j'ouvre l'œil à 5 heures, il fait grand beau, pas un souffle de vent. Je saute sur le téléphone et appelle Patrice Godon. Il est sur le terrain d'aviation de Cap Prudhomme, la base logistique du raid située à cinq kilomètres de la petite île de Dumont d'Urville. Il a tenu à s'assurer personnellement que les pilotes étaient réveillés et le Twin Otter prêt à décoller.

Sept cents kilomètres me séparent encore de la côte. Il suffit que la visibilité se gâte brusquement pour que l'avion soit contraint de rebrousser chemin. Néanmoins, j'ai le sentiment que tout va bien se passer. Je consacre les dernières gouttes d'essence à un quart de verre d'eau et une demi-toilette. Après douze jours de solitude, l'idée de revoir des êtres humains m'enchante et je tiens à être présentable pour les recevoir.

L'oreille aux aguets, je profite du soleil et fais sécher mes affaires. Les minutes passent. À 8 heures pile, je sors de la tente, la caméra à la main, prête à filmer l'arrivée de mes sauveurs. Je scrute le ciel immense sur l'horizon glacé. Soudain, un ronronnement, qui s'amplifie. Et puis l'avion est là, face à moi, comme une apparition. Il survole le camp à toute vitesse, sans ralentir.

162

« M'a-t-il vue ? » me dis-je.

Quelques instants plus tard, il vire et revient, repérant le terrain. Plusieurs aller et retour lui sont nécessaires pour déterminer le meilleur endroit où se poser. Ça y est, il atterrit à quelques dizaines de mètres. Ses patins tressautent brutalement sur les sastrugis. Je continue à filmer, impressionnée par le culot et l'habileté du pilote.

Sur sa lancée, l'avion parcourt la courte distance qui le sépare de la tente et s'immobilise presque à mes pieds. Deux beaux jeunes gens vêtus de combinaisons écarlates s'approchent de moi, les bras grands ouverts. Franches accolades, présentations cordiales.

– Hi, dit le grand blond, moi, c'est Mark.

Il se tourne vers son acolyte, un petit brun à moustache, nettement plus réservé.

– Et lui, c'est Max.

– C'est un vrai miracle de vous voir ici !

– C'était inouï de découvrir tout d'un coup cette petite tente au milieu de nulle part, fait Mark.

Le moteur de l'avion tourne toujours, mais les deux Canadiens prennent le temps d'immortaliser cette rencontre peu ordinaire. Les voici, chacun à leur tour, posant à côté de moi pour la photo-souvenir. Ils filment ensuite la tente sur toutes ses coutures. Je sens qu'ils aimeraient beaucoup visiter mon petit intérieur, mais il n'y a qu'Art pour avoir osé s'y glisser !

Cette irruption des pilotes dans mon univers me fait une étrange impression. C'est comme si j'étais l'unique spectatrice d'une scène de théâtre. J'aimerais bien que le spectacle s'achève pour avoir mon carburant.

Une dernière photo, et ils s'approchent de l'avion. Ils sortent de la soute un gros fût bleu. L'essence a été conditionnée afin de pouvoir être larguée en cas d'atterrissage impossible.

163

– Ça aussi, c'est pour toi, me dit le moustachu en me tendant une grande enveloppe blanche.

Après de brefs adieux, les Canadiens repartent. Ils ne peuvent pas prendre le risque de s'éterniser. Soucieuse d'assumer ma mission de reporter de l'extrême, je me place très près de l'avion, légèrement de face, afin de filmer le décollage « live ». Il accélère immédiatement, ce que je n'avais pas vraiment prévu. L'hélice brasse violemment l'air. Nous voici, la caméra et moi, au centre d'une tornade gelée. Coupez !

Avant de rentrer sous la tente pour m'offrir le petit déjeuner tant attendu, je détache le couvercle du fût. Cinq ou six petites bouteilles d'essence sont disposées à l'intérieur, comme dans un écrin. Au milieu trône le trésor des trésors, « Cascade Draught », une bière australienne à la canette vert et blanc. Cette attention de Patrice me fait sourire. Je suis touchée, mais c'est un cadeau de poids !

Je n'ai qu'une hâte, me gaver de nourriture et boire des litres de Cérécof. Tandis que la glace fond et que le pemmican mijote, je contacte la base pour annoncer que tout s'est bien passé. J'ai d'abord Kjell, qui partage ma joie. Je ne m'attarde pas et lui donne rendez-vous ce soir, à l'heure habituelle de notre conversation. Ensuite, j'appelle Patrice.

– Crois-tu que le réchaud carbure à la bière ? lui dis-je.

Il comprend aussitôt que l'avion est bien arrivé.

– Je savais que tu aimais ça. Il faut que tu la boives tout de suite, avant qu'elle ne gèle.

– À 10 heures du matin, dans l'état où je suis, il n'est pas question que je boive une goutte d'alcool ! Je te remercie, Patrice, mais j'attendrai ce soir.

Dès que j'ai raccroché, j'entame un déjeuner pantagruélique. Mon regard se pose régulièrement sur l'enveloppe blanche. La visite des Canadiens, la tiédeur du soleil qui chauffe la tente, l'abondance de nourriture et de boisson m'emplissent de bien-être et me plongent dans une douce léthargie dont je n'ai aucune envie de sortir.

Et puis il y a cette enveloppe, tentante et mystérieuse comme un cadeau imprévu. En haut, sous la mention « Par porteur spécial », figurent la date du 12 janvier et l'adresse suivante : « Laurence de la Ferrière (la petite reine des pôles) Poste Antarctique, bureau non légal de l'Institut polaire ». Au milieu, Gérard Jugie, le directeur de l'Institut, et Jean Jouzel, directeur d'Épica, l'un des programmes scientifiques de Dôme C, ont écrit ce message adorable : « Avec toutes nos félicitations pour l'extraordinaire exploit déjà accompli et pour votre exemplaire courage, nous vous embrassons très fort. »

Je tends la main vers l'enveloppe. Soudain, j'ai la vision d'une maison blanche dans le village auvergnat où, enfant, je passais mes vacances. Mes frères, mes sœurs et moi allions souvent rendre visite à la vieille dame qui l'habitait. Elle possédait une énorme boîte de bonbons dans laquelle nous avions parfois le droit de puiser. Les yeux écarquillés, je ne pouvais me décider à choisir. Lorsque la vieille dame faisait mine de refermer la boîte, vite, j'en saisissais un, deux ou trois, refermant la paume sur le papier brillant, entortillé à chaque extrémité, comme une promesse à venir. Puis je découvrais avec émerveillement des bonbons rouges, verts ou même marron. Il y en avait surtout des jaunes, de toutes les nuances de jaune, du vert-jaune citron au rouge-jaune orangé. Cela nous faisait des langues multicolores et nous riions aux larmes. Ciel bleu, neige blanche. Tente jaune sur la neige, solitaire, comme le bonbon enveloppé, tous ses secrets à l'intérieur. Je ferme les yeux et le sens fondre doucement sur ma langue. Ciel bleu sans vent, le bonbon n'a aucune saveur, c'est un piège, comme ces drôles de sucreries des boutiques de farces et attrapes. Mais, aujourd'hui, je l'ai choisi. Le papier est défait, il apparaît dans le ciel et l'horizon qui s'étend face à moi. L'horizon si lointain, le ciel si proche. Aveuglée par le soleil, le goût du bonbon dans la bouche, tout se confond. Chaque jour qui passe, je m'avance vers la frontière qui sépare la neige du ciel, comme à la recherche de la maison de la vieille dame. Dans quelques minutes, je m'en irai. Il me faut quitter les souvenirs d'enfance.

Délicatement, j'ouvre l'enveloppe blanche. À l'intérieur, un drapeau blanc, assez grand pour faire une voile de secours et portant en lettres rouges « Conseil Général de Haute-Savoie ». Ce sponsor a confirmé sa participation après mon départ et m'envoie sa flamme. Je décide de découper tout le tissu blanc qui entoure l'inscription pour ne pas alourdir le traîneau.

Avant de partir, je creuse un trou dans la neige, près de la trace. On ne laisse rien derrière soi en Antarctique. Le convoi récupérera le fût bleu et le surplus de carburant à son prochain passage. D'ici là, il ne faut pas qu'ils soient embarqués par le vent.

Ayant plié le camp, je chausse les skis. Il n'y a pas un souffle d'air. Je glisse laborieusement sur les peaux de phoque. J'imaginais que les rations astronomiques que je venais d'absorber me feraient l'effet d'une potion magique. Mais il faut du temps au corps pour retrouver ses capacités.

Le soir, lorsque je m'arrête, je n'ai parcouru que 32 kilomètres.

– Sais-tu que tu n'as plus tellement de chemin à faire pour arriver jusqu'ici ? me dit Kjell.

– Je ne suis plus très loin, mais je voudrais vraiment quitter ce plateau, je commence à le haïr ! Enfin, pas tout à fait, disons que je commence à trouver le temps long...

166

– Et comment vont tes pieds ?

– Aujourd'hui, ça allait. Je continue à utiliser la crème antibiotique qui a jugulé l'infection. Le problème, c'est de ne pas attraper de nouvelles gelures. Quand j'ai froid, c'est horriblement douloureux, mais, globalement, ça va mieux, parce que je dors avec tes chaussons magiques. Ils sont très chauds, et ça fait une vraie différence avec les autres.

– Ils sont aussi très grands. Quand les vêtements sont amples, l'air circule mieux. C'est moins élégant, mais plus efficace. Voilà pourquoi je n'étais pas d'accord avec ton choix.

Kjell et moi continuons un peu sur ce ton-là. Serions-nous en train de lancer la nouvelle ligne antarctique ?

– Pour le Mont-Blanc, cela n'a pas d'importance, poursuit-il. L'ascension du Mont-Blanc est une petite promenade de santé ! Cela n'a rien à voir avec ce que tu fais en ce moment.

– J'ai l'impression d'une longue, très longue expédition. Lorsque j'atteindrai Dumont d'Urville, il se sera écoulé un siècle !

– C'est long, mais ce n'est plus très loin, Laurence. Tu peux le faire. Il faut que tu sois opportuniste. Quand les conditions sont bonnes, donne-toi à fond. Quand elles sont mauvaises, reste à l'abri. Ne commets pas d'erreur.

– Tu as raison. Mais je ne peux pas avancer au-delà de minuit ou 1 heure du matin. À ce moment-là, le soleil se couche derrière l'horizon, et il fait vraiment trop froid.

– D'ici quelques jours, lorsque tu descendras vers Dumont d'Urville, ça se réchauffera nettement et ça fera une sacrée différence ! Est-ce que tu as eu Catherine ?

– Non, pourquoi ?

– Elle est dans tous ses états, parce que des informations alarmantes ont été publiées sur toi. Il faut que tu l'appelles et que tu rassures ta famille.

– Là, Kjell, je suis trop fatiguée pour passer d'autres coups de fil. Je leur téléphonerai demain.

*15 janvier 2000*
*70° 41' 47" S – 133° 40' 13" E*
*2260 kilomètres du pôle Sud*
*– 27 °C*

Le mauvais temps est revenu. Ce matin, le vent est à 90 °, mais je commence à avoir l'habitude de manier les voiles dans de telles conditions. Patrice m'avait annoncé que j'allais entrer dans une zone de descente assez marquée. Lorsque j'avais confié à Kjell que j'appréhendais ce changement de terrain, il m'avait ri au nez : « Quoi, une alpiniste qui s'effraie d'une descente à 1 % ! »

J'avais ri, moi aussi, en me remémorant toutes ces années consacrées à l'ascension des plus hauts sommets du monde. En 1982, sur les pentes du glacier Dôme, ma première expédition dans l'Himalaya, une avalanche avait failli mettre une fin prématurée à ma carrière. Ce traumatisme a construit ma passion sur des bases réalistes. La très haute montagne était dangereuse, je ne pouvais plus l'ignorer.

En grimpant sans oxygène à plus de huit mille mètres, j'avais l'impression de pénétrer dans un monde interdit. J'aimais cette forme de liberté qui me permettait de défier l'inconnu. J'ai ressenti des émotions d'une profondeur et d'une intensité extrêmes, qui m'ont fait revenir année après année.

Pour moi, un sommet n'est pas gagné seulement en y posant le pied, mais aussi en étant capable d'organiser l'expédition de A jusqu'à Z. Je me suis imposé de porter le matériel dans les différents camps, de poser les cordes fixes, de faire la trace, de gérer les relations avec les intermédiaires, et en particulier avec les sherpas, sur le terrain. En tant que chef d'expédition, j'ai voulu faire en sorte que, dans une équipe, chacun puisse avancer à son rythme et qu'au sommet, le succès soit celui de tous. Je n'ai pas toujours atteint mes objectifs, mais je dois à l'Himalaya ce que je fais en ce moment en Antarctique.

Je commence à m'approcher des zones soumises aux vents catabatiques. La quantité d'air froid est énorme sur le plateau antarctique, du fait de sa dimension, égale à la moitié des États-Unis. Cette région, proche du pôle de l'Inaccessibilité, est l'endroit le plus froid du monde, avec une température record de − 89,6 °C. L'air glacial du plateau est plus lourd que celui de la côte. D'une certaine manière, l'air froid dégringole littéralement de 3 000 mètres d'altitude, comme le feraient des billes sur un plan incliné, pour descendre le plus bas possible. Ces vents, mêlés au mauvais temps, peuvent déclencher des tempêtes phénoménales, impossibles à prévoir, dans des délais très courts. Sur la plus grande partie du continent, la pente est douce, puis elle s'accentue nettement 400 kilomètres avant la côte pour devenir presque raide au cours des 45 derniers kilomètres. L'allure du terrain explique les réactions du vent et en particulier son extraordinaire accélération à la sortie du plateau, jusqu'au niveau de la mer. Pendant l'hiver austral, sa vitesse peut alors atteindre plus de 300 kilomètres-heure.

Tout d'abord, je perçois une sorte de brouillard, au ras du sol, qui trouble la surface de la neige. Puis d'immenses volutes s'élèvent et, rapidement, le sol se couvre d'un tapis blanc sur plusieurs dizaines de kilomètres. Enfin, les rafales m'atteignent, soulevant les particules de glace, me bousculant, accompagnées d'un vacarme venu du bout du monde. Sa puissance est effrayante, jusqu'au moment où je parviens à négocier avec suffisamment d'habileté pour en tirer parti. Ma peur se teinte de respect, et le bruit assourdissant devient la musique de l'Antarctique. Ce sont les vents catabatiques. Ils m'ont fait progresser très vite aujourd'hui, 72 kilomètres sans efforts démesurés. La réhydratation commence à faire son effet. Je monte le camp, fatiguée mais sereine, avec le sentiment d'avoir repris le cours de mon expédition.

Ma priorité est de rassurer mes filles.

— Maman, fait Céline, est-ce que c'est vrai que ta tente a brûlé ?

— Mais non, ma puce, qui t'a dit ça ?

— C'est un copain de l'école, il l'avait entendu à la télé ou à la radio, je ne sais pas. On a aussi raconté que tu n'avais plus rien à manger et qu'un avion allait venir te chercher. Alors, tu rentres bientôt ?

— Tout va bien à présent, on m'a apporté du carburant. Tout va bien, je te promets.

— Tu sais, je me suis fait décolorer des mèches, mes copines adorent, mais, toi, tu vas détester.

— Tu t'étais déjà fait percer les oreilles il y a trois ans, pendant ma première expé. Qu'est-ce que tu vas inventer la prochaine fois ?

— Maintenant, c'est fini, tu as dit que tu ne repartirais plus !

Elle me passe Charlotte, qui, à six ans, n'a pas encore le même esprit de provocation. Nous devisons tendrement quelques minutes. Je me rends compte que les enfants m'obligent à garder le contact avec le reste du monde.

Céline et Charlotte comprennent beaucoup de choses, mais elles ne me pardonneraient jamais de m'abstraire de leur réalité.

Je téléphone ensuite à Catherine. Totalement bouleversée par les événements des derniers jours, elle n'imaginait pas une seconde que j'étais en état de l'appeler. Émue et rassurée, elle me raconte qu'elle est submergée d'appels de journalistes et de gens qui, ayant pris mon histoire à cœur, lui manifestent leur inquiétude. Elle est très heureuse de m'avoir directement, cela lui permettra de relater avec plus de précision ce qui m'est arrivé.

Avant que nous ne nous séparions, elle me dit que certains médias ont annoncé que Gérard Jugie s'était déplacé personnellement pour m'apporter du carburant.

— C'est un homme très attentionné ! lui fais-je remarquer en riant. Écoute, tout s'est très bien passé grâce à l'Institut polaire et à Kjell. Ils se sont décarcassés de manière admirable pour me tirer d'affaire. Mais, attention, l'histoire n'est pas encore finie.

*17 janvier 2000*
*70° 21' 14" S – 134° 15' 27" E*
*2304 kilomètres du pôle Sud*
*– 29 °C*

Aujourd'hui, face au vent, je n'ai parcouru que 13 kilomètres. Il y a quelques semaines, une telle contre-performance m'aurait déçue. Mais, maintenant, je vis tout avec philosophie. Fondue dans le décor, je prends ce que la glace et le vent me donnent, sans rien attendre d'autre.

Alors que, d'habitude, je me contente de chercher un terrain plat, ce soir, la vision de magnifiques sastrugis, comme taillés à la hache, éveille en moi le désir de m'en servir pour protéger ma tente. À la manière d'un navigateur qui a trouvé le mouillage idéal, j'éprouve une sorte de jubilation à me nicher dans la neige.

Je m'installe et commence à vaquer à mes occupations, comme une ménagère bien organisée. J'essaie d'abord de réparer la balise Argos que j'ai retrouvée au fond du traîneau en trois morceaux. Peine perdue : les secousses ont eu raison d'elle. Heureusement, le GPS me permettra de donner ma position par téléphone à Kjell et à Patrice.

Le réchaud en route, la gamelle qui chauffe, les chaussettes qui sèchent, je me love dans le sac de couchage. Il faut à présent que je me concentre sur la suite de l'expédition.

Hier, le « train des glaces » a quitté la côte après avoir achevé les opérations habituelles de déchargement, de maintenance et de préparation du troisième raid. J'avais espéré gagner la course contre la montre, comme au Nouvel An. Mais je dois me rendre à l'évidence : cette fois-ci, j'ai perdu. Je ne suis plus en phase avec la progression du convoi. Il s'apprête à remonter vers Dôme C, alors que je suis toujours dans le sens de la descente. Le contrat avec l'Institut polaire est on ne peut plus clair : je n'ai pas le droit de traverser seule la zone côtière.

— Demain, nous serons sortis de cette zone et, toi, tu seras encore loin, m'explique Patrice Godon. Je ne peux me permettre de faire faire demi-tour aux machines pour te suivre jusqu'à la fin. Cela nous ferait perdre trois jours, plus trois ou quatre pour revenir au même point. Comme il nous faut aller jusqu'à Dôme C, redescendre des gens et du matériel et arriver à temps à Dumont d'Urville pour le départ de l'*Astrolabe*, ce serait trop risqué, tu comprends ?

— Oui, je comprends, dis-je, tout en ayant le sentiment d'avoir été très proche du but.

— Voici ce que je te propose, poursuit Patrice. Soit tu nous accompagnes jusqu'à Dôme C, et nous te relâcherons à la descente là où nous t'aurons embarquée pour que tu termines ton expédition comme prévu, sous notre escorte, soit nous te laissons un préfabriqué pour que tu puisses t'abriter jusqu'à ce que nous revenions.

Je m'imagine très mal passer quinze jours dans un Algeco des glaces, sans doute moins confortable que ma petite tente, et certainement plus froid. Je décide de tenter l'expérience du convoi.

— Je préfère remonter avec vous, dis-je, ça complétera mon expérience de l'Antarctique.

— Très bien, on va organiser ça. Tu as trouvé mon petit mot ? Tu as vu que la marée noire avait gagné du terrain ?

Depuis le départ de Dôme C, Patrice s'attache à me connecter au reste du monde. Tous les deux jours à peu près, il scotche à mon intention sur les piquets jalonnant la trace des dépêches de l'agence France-Presse qui lui parviennent de Brest par télex. Même si les nouvelles ne sont pas tombées de la dernière neige, je me délecte à les lire, en regrettant qu'elles soient si sombres.

Il va falloir maintenant que je parle à Kjell de la décision que je viens de prendre. Il la respecte, parce qu'il connaît les règles du jeu, mais, en même temps, il est un peu déçu.

— Je t'assure, je n'ai pas le choix, dis-je. Sans l'Institut polaire, je n'aurais jamais pu faire cette expédition-là. Ils ont pris une énorme responsabilité en s'engageant avec moi et ne peuvent pas courir le moindre risque. De mon côté, je dois respecter mes engagements.

Kjell redoute que la montée sur le raid ne rompe la magie de l'histoire. Il regrette que mon arrivée soit différée alors que tout le monde, à Dumont d'Urville, s'apprêtait à fêter l'événement.

— Ça fait trois mois qu'ils vivent à ton rythme. Ils sautent de joie quand tout va bien et ils ont des sueurs froides quand tout va mal. La première chose qu'ils font lorsqu'ils entrent dans la salle à manger, c'est de consulter la carte pour connaître ta position.

— Je comprends que ça leur paraisse injuste, mais il ne s'agit que de quelques jours...

— Tu sais, Laurence, c'est dur d'être un homme ici! Nous sommes quatre-vingts, pour deux femmes!

J'éclate de rire.

— Il y a pire, dis-je. Sérieusement, sais-tu à quel moment Jean-Claude Laval doit quitter la base?

— Bientôt, mais je n'ai pas la date exacte.

Jean-Claude est le chef de la mission d'hivernage 1998-1999, dont je suis la marraine. Cette mission, composée d'une trentaine de personnes, est partie de Roissy il y a un peu plus d'un an. Prenant mon rôle très à cœur, j'ai accompagné mes « filleuls » à l'aéroport. J'ai continué à communiquer avec eux jusqu'à mon départ pour l'Antarctique, les tenant au courant des détails de la préparation. J'espère retrouver Jean-Claude et les autres hivernants à Dumont d'Urville.

— Qu'est-ce que tu préfères, la tarte aux pommes ou le fondant au chocolat ? s'enquiert Kjell.

— Chocolat, sans hésitation. Encore qu'une petite tarte... Les deux. Pourquoi me demandes-tu ça ?

— Parce que certains, ici, te préparent des surprises. Moi, je me suis occupé d'aller repérer le terrain. Il y a un glacier un peu abrupt à une cinquantaine de kilomètres de Dumont d'Urville. Par conséquent, le raid organise un préacheminement pour éviter de transporter le matériel d'un seul coup. À l'occasion de leur aller et retour dans cette zone difficile, j'ai pu monter sur l'un des Challenger. J'ai des informations pour toi sur la position des crevasses, l'allure des sastrugis et le sens général du vent.

— C'est vraiment bien que tu aies fait ça. Non seulement ces éléments sont précieux pour moi, mais tu as enfin pu goûter véritablement à l'Antarctique !

— Maintenant, Laurence, il ne te reste plus qu'à te dépêcher d'arriver...

— Ne t'inquiète pas, le raid joue le jeu, il ne va pas traîner.

*19 janvier 2000*
*68° 48" S – 136° 40' E*
*2516 kilomètres du pôle Sud*
*– 27 °C*

Depuis deux jours, les conditions sont idéales, et je ne suis jamais allée aussi vite. Le vent catabatique trois quarts arrière, établi à une vitesse moyenne de 70 kilomètres-heure, me fait voler sur la glace. Il soulève la neige à quelques mètres du sol, un peu au-dessus de ma tête. Les rayons du soleil diffusent au travers, rendant l'atmosphère fantasmagorique.

Hier, 92 kilomètres en dix heures. Aujourd'hui, 103 kilomètres en cinq heures. Je sais que je vais trop vite, mais, comme un cheval sentant l'écurie, je n'ai pas envie de réduire la voile. Je vais ainsi, propulsée, irrésistiblement attirée vers l'avant, ne m'arrêtant même plus pour boire et pour manger, ivre de mon élan. J'ose un maximum, parce que la proximité du raid diminue le risque. Je découvre maintenant que je peux aller encore plus vite, encore plus loin. Pour la première fois, la voile, le traîneau et moi formons un tout, une sorte de mécanique parfaitement huilée.

Je suis émue de retrouver le raid, mais j'ai le cœur serré à l'idée de ne pas aller jusqu'au bout de ce que m'offre le vent. Aujourd'hui, j'aurais pu pulvériser mes records. Et, en trois jours, atteindre la côte.

Patrice et moi étions convenus hier de nous rappeler à 10 heures pour que je lui indique ma position et que nous puissions estimer avec plus de précision le lieu et le moment de notre rencontre. Ce matin, après le coup de fil, il pensait que nous ferions chacun la moitié du trajet qui nous séparait. En fin de compte, tandis que le convoi couvrait 10 kilomètres, j'en ai parcouru 50.

– Tu nous verras la première, m'a prévenue le chef du raid.

Depuis près d'une heure, je cherche les véhicules du regard. Rien. Je commence à croire que, faute de visibilité, nous nous sommes croisés sans nous voir. Et puis, soudain, je tombe nez à nez avec le Kassborher, l'engin qui roule en tête du convoi. Alberto s'arrête, saute sur la chenille, court dans la neige et me prend dans ses bras.

– Oh, Laurence, s'écrie-t-il en roulant les *r*, je suis très émotionné de te retrouver ici !

À Dôme C, nous avons eu l'occasion de prendre un petit déjeuner en tête à tête. Cet Italien du Sud, au caractère ombrageux, a une cinquantaine d'années. Brun de peau et de poil, il porte une barbe fournie qui se termine par une tresse longue et fine. Il m'a parlé avec beaucoup de sensibilité de sa vie et de sa famille. J'ai pu admirer des photos de ses trois beaux enfants. En quelques heures, nous sommes devenus amis.

À moitié emmêlée dans la voile que je viens d'affaler, je regarde les neuf autres véhicules émerger du néant et s'immobiliser à la queue leu leu. Chaque conducteur descend de sa cabine. Bientôt, ils font cercle autour de moi. Certains m'embrassent, d'autres se montrent plus réservés, regards, sourires, petits signes de la main. On m'aide à installer le traîneau dans l'un des abris que transporte le raid, puis je prends place à côté de Patrice, dans son Challenger, et le convoi redémarre. Ce passage de mon univers à celui de l'équipe est sans transition, rapide, mais, finalement, assez naturel. J'apprécie le contraste entre une situation très exposée et le confort d'un véhicule.

En remontant vers Dôme C, nous suivons ma trace, comme si j'avais ouvert le chemin pour le convoi. Dans cet univers dénudé, le parallèle est saisissant : petite voile, gros véhicules, doux bruit de glisse, vacarme assourdissant, légère trace, profond sillon. Pour la première fois, je prends la pleine mesure de mon expédition.

Le convoi emprunte toujours la même trace, ce qui lui permet de tasser la neige un peu plus chaque fois. Il crée ainsi une sous-couche dense et ferme, qui sert de base à l'« autoroute de l'Antarctique ».

Nous sommes dans le sens de la montée, transportant une charge utile d'environ 130 tonnes. Alberto, le roi du Kassborher, est chargé d'ouvrir la voie en aplatissant les congères qui se sont constituées entre deux passages. Il roule un ou deux kilomètres en avant du convoi. Il a ainsi le temps de niveler la neige avec la lame prévue à cet effet, fixée à l'avant de l'engin. Un second Kassborher est dans le convoi, il va et vient comme un chien de berger entre les véhicules, et aplanit les trous et les ornières qui se forment derrière eux.

Les Challenger sont huit au total. Ils ressemblent à de gros semi-remorques équipés de chenilles. Certains treuillent des plates-formes qui convoient les matériaux de construction de Concordia, future base scientifique de Dôme C. D'autres se chargent des caravanes où vivent, mangent et dorment les membres du raid. Les derniers acheminent des containers pour le petit matériel et les réserves de nourriture. Le convoi se déplace avec une autonomie de plus d'un mois.

– Il m'a fallu des années pour mettre au point l'équipement nécessaire au raid, m'explique Patrice. Pendant très longtemps, le principal problème était le risque d'enlisement des engins. Il est arrivé qu'un Challenger sorte malencontreusement de la trace et se retrouve enfoui dans la neige jusqu'à mi-hauteur. C'est ce que j'appelais « les sables mouvants ». Depuis, nous transportons systématiquement une grue.

– Pourquoi ne faites-vous pas tout par avion, comme les Américains ?

– Premièrement, le kilo transporté est trois fois moins cher ; deuxièmement, nous sommes moins tributaires de la météo et, troisièmement, c'est plus facile de dénicher un bon chauffeur qu'un pilote apte à voler dans n'importe quelle condition en Antarctique. Ceux qui jugeaient le raid un peu dépassé se sont rendu compte que c'était un outil extrêmement précieux, même s'il peut encore être amélioré. Actuellement, les autres nations, en particulier l'Italie, viennent chercher des informations auprès de nous.

Nous roulons en devisant gaiement pendant cinq ou six heures, à une vitesse moyenne de 15 kilomètres-heure. Lorsque nous nous arrêtons, à 8 heures du soir, nous n'avons pas atteint le point que j'ai quitté ce matin. Patrice et son équipe constatent qu'avec mes skis et ma voile j'allais plus vite qu'eux, quand le vent m'était favorable.

Avant de songer au dîner, il y a un nombre incalculable de choses à faire. Il faut tout d'abord niveler le terrain, de façon à pouvoir installer bien à plat les caravanes sur patins dans lesquelles nous allons dormir. Le premier Kassborher commence le travail. Arrive le Challenger, qui tracte la cuisine. Alberto lui donne des ordres par radio afin qu'il se mette avec précision à l'endroit le plus adapté. Ensuite, le Kassborher poursuit sa tâche pour les autres véhicules.

Les Challenger se rangent devant la pompe, et les réservoirs sont remplis à tour de rôle. Vincent met en route le groupe électrogène, placé dans la caravane-salle de bains. Ce groupe sert à fournir de l'électricité à l'ensemble des installations ainsi qu'au préchauffage des Challenger. Les moteurs ne démarrent pas tout seuls à une telle température.

Depuis que j'ai embarqué sur le convoi, la chaleur ambiante a permis à ma combinaison en duvet d'exhaler des parfums venus de très loin. Je porte ce merveilleux vêtement depuis le pôle Sud. Avec une galanterie à peine exagérée, l'équipe m'indique le chemin le plus court jusqu'à la douche.

Mais, auparavant, il faut que je récupère une tenue de rechange.

Alors que les hommes du raid s'entassent dans trois caravanes, ils ont préparé à mon intention une suite royale, qui trône sur l'une des plates-formes. Ils installent une échelle qui me permet d'y accéder.

À l'intérieur se trouvent deux petits lits de poupée, séparés par une tablette sur laquelle sont disposés un paquet de biscuits australiens au chocolat et une boîte de mouchoirs en papier. J'attrape mes affaires et traverse rapidement les cinq mètres qui me séparent de la douche.

Pendant ce temps-là, Patrice écrit, sur un gros morceau de papier adhésif : « douche dames ».

– Chaque fois que tu iras faire ta toilette, me dit-il, colle-le sur la porte, cela t'évitera d'être dérangée.

La caravane où se trouve la douche fait aussi office de buanderie. Avant de sortir, je suspends mes chaussettes au milieu de dix autres paires. Chacun dispose d'un casier pour ranger sa trousse de toilette et ses petites affaires personnelles.

Dans la caravane salon-salle à manger-cuisine-infir-merie, dix mètres carrés tout compris, un repas gastrono-mique a été préparé à mon intention.

Médecin-colonel à la retraite, mais toujours très actif, Georges m'explique qu'en dépit de tous ses efforts pour améliorer l'ordinaire du raid il ne pourra malheureusement jamais égaler les talents de cuisinière de sa femme. Je goûte et le rassure. Dès demain, je ferai équipe avec lui.

Après le dessert, le café et le pousse-café, il propose de jeter un œil sur mes doigts de pied endoloris.

— C'est une occasion unique de mettre la main sur la pharmacie, dit-il.

Au terme d'une fouille longue et laborieuse, il trouve les produits adéquats et examine les gelures.

— Elles sont profondes. Il faut impérativement les désinfecter et refaire les pansements tous les jours.

Après toutes ces attentions, il est près de minuit. L'heure est enfin venue de réintégrer mon mini-palace pour une bonne nuit. Malheureusement, il n'a pas été possible de brancher du chauffage. Je n'ai plus qu'à remettre ma combinaison en duvet...

*20-28 janvier 2000*
*Sur le raid*
*– 28 °C à – 38 °C*

La montée jusqu'à Dôme C va durer neuf jours. Pendant tout ce temps, il n'y aura pas de fausse note et notre vie commune va parfaitement bien fonctionner. Je crois que l'équipe est assez contente d'avoir une présence féminine à ses côtés. Malgré sa courtoisie à mon égard, j'ai vent de quelques plaisanteries du style « camionneur polaire », auxquelles j'ai échappé de justesse. Ils m'ont surnommée « l'auto-stoppeuse des neiges », mais ils ont résisté à l'envie de coller sur l'un des camions le slogan suivant : « Si pas cul-cul, pas toto » !

Je trouve rapidement ma place au sein du raid. Le matin, Patrice m'accueille à bord de son Challenger, qu'il m'apprend à conduire. Je découvre le maniement de la boîte à dix vitesses. Il faut surtout veiller à donner les informations nécessaires à celui qui nous suit, pour éviter la collision ou même le carambolage. La grande subtilité consiste en effet à ne pas rentrer dans celui qui est devant et à ne pas se faire rentrer dedans par celui qui est derrière. Cela paraît évident, mais ce n'est pas si simple lorsqu'il s'agit de quelque 400 tonnes en mouvement sur un terrain glissant.

Intriguée par les relations entre Français et Italiens à Dôme C, je demande un jour à Patrice quel va être l'avenir de leur coopération.

— En ce moment, m'explique-t-il, la situation est un peu tendue, parce que les Italiens ont tendance à oublier que nous sommes partenaires dans la construction de Concordia. Notre problème est que nous apportons beaucoup de savoir-faire, alors que notre investissement financier est de plus en plus limité.

— Pour quelle raison ?

— Parce qu'on rogne sur nos subventions. Tu vois, par exemple, nous portons tous des combinaisons italiennes. Nous n'avons ni le temps ni les moyens de mettre au point un vêtement qui nous conviendrait parfaitement. Quand je vois ton équipement, je me dis que tu pourrais nous conseiller et nous aider.

— Ça m'intéresserait beaucoup !

— Cet après-midi, va faire du Kassborher avec Alberto. Que nous avez-vous concocté pour déjeuner, Georges et toi ?

— Ce sera simple, comme d'habitude. Mais, ce soir, menu de gala, salade mélangée de pamplemousse rose, crabe de Tasmanie, asperges et mayonnaise, suivie d'une tartiflette au camembert australien congelé.

— Et pour le dessert ?

— Nous n'avons pas encore délibéré.

Chaque jour, je change de véhicule et de compagnon. Aujourd'hui, Christophe, dit Tito, un jeune Vosgien qui conduit régulièrement le second Kassborher, me raconte que toute sa famille est installée à Gérardmer, où je vais parfois m'entraîner. Nous évoquons le pays avec une petite nostalgie.

— Tu sais, il va y avoir un film sur mon expédition,

lui dis-je. Je m'arrangerai pour qu'on t'en envoie une cassette, ça te fera un souvenir.

Il se tourne vers moi et me déclare, la main sur le cœur :

– Moi, mon souvenir, il est là.

À bord, chacun a sa réserve de boissons, de gâteaux et de sucreries, ainsi qu'un certain nombre de cassettes. Chez l'un, j'écoute Brel et chez l'autre Coluche. En même temps, les conducteurs sont en contact radio permanent et doivent rester attentifs aux ordres donnés de véhicule en véhicule.

Plusieurs journalistes m'appellent au fil de la remontée. Cela me permet de raconter la vie du raid et de l'équipe. Habitués à travailler dans l'ombre, les uns et les autres apprécient l'intérêt qu'ils suscitent à travers mon expédition.

À chaque appel, le convoi est alerté par un message particulier :

– Stop, silence radio, média au bout du fil.

France 2 m'interviewe alors que je roule en Kassborher avec Philippe. Il arrête l'engin quelques instants pour que je puisse répondre aux questions du journaliste. Notre conversation passera en direct dans le journal de 20 heures.

Philippe a épousé une Australienne et s'est installé à Hobart, en Tasmanie. Il sert d'intermédiaire entre la France et l'Antarctique pour l'Institut polaire. Il est chargé, entre autres, de préparer et de réparer le matériel, de cuisiner et de congeler les plats qui seront embarqués sur le convoi... Je prends plaisir à parler de la vie familiale avec ce jeune père de deux enfants.

Les jours s'écoulent. Nous parvenons à mi-chemin de la remontée. J'embarque avec Patrick, dont le Challenger est tracté par celui qui le précède. Dans cette position, il n'y a pas grand-chose à faire, sinon se laisser guider. Patrick feuillette une revue et je commence à somnoler. En fin d'après-midi, nous avons une discussion animée. Il y a quelques années, j'avais guidé une équipe de télévision au sommet du Nevado Sajama, point culminant de la Bolivie. Le reportage concernait des scientifiques chargés de mettre en œuvre un programme de recherches sur les réactions de l'organisme en situation extrême. Patrick faisait partie de la bande. En rejoignant le raid, il a affirmé me connaître, et s'est permis de raconter des anecdotes sur ma vie privée. Appréciant fort peu ce genre d'indiscrétion, je profite de notre tête-à-tête pour mettre les choses au point. Nous discutons ensuite de la nouvelle expérimentation qu'il s'efforce de mener. Il s'agit entre autres, pour les membres du raid, de porter une sorte d'électrode au bout des doigts afin de mesurer, en fonction de l'altitude, la saturation du sang en oxygène.

– Pour que les résultats soient probants, il faudrait qu'ils acceptent de les porter deux fois plus.

– Tu sais, ce n'est pas tellement facile. D'ailleurs, je dois faire une expérimentation pour le CHU de Montpellier et, depuis le début de l'expédition, je me bats avec les électrodes. Je n'arrive pas à les fixer correctement.

Alberto est le meilleur des compagnons. Il me confie qu'il a une passion pour le planeur. Tout au long d'un après-midi, nous prenons un plaisir inouï à parler des sensations que nous procurent le vent, le ciel, la solitude.

Nous sommes devenus si complices qu'un soir, en sortant de la douche, il s'approche de moi, la barbe en avant, et me dit :

– Pourrais-tu refaire ma tresse ?

Sous les regards éberlués des membres du raid, j'arrange la barbe d'Alberto.

– Ça te va comme ça ?

– Oh oui, très bien. Merci, Laurence !

Ensuite il nous chasse, Georges et moi, des fourneaux.

– Je suis le chef de la pasta, décrète-t-il.

Nous découvrons qu'il a aménagé sous sa couchette une cache secrète d'où il sort des boîtes de sauce. Il a dû les subtiliser à l'équipe italienne de Dôme C. Avec l'aide d'Andrea, son compatriote, qui le suit comme une ombre, il nous confectionne des spaghetti à tomber par terre. La soirée se prolonge. Il est minuit passé, mais personne n'est pressé d'aller se coucher.

Le fax sonne à nouveau. Graeme se précipite dans le QG de la communication, deux mètres sur trois où cohabitent VHF, Iridium, Immarsat [1], fax et ordinateur.

Le cerveau de cet Australien est en ébullition permanente. Il dirige une société qui construit des camions et a été mandaté par Patrice pour mettre au point des véhicules adaptés au milieu polaire. Tout au long de la journée, il observe attentivement le comportement des engins sur la neige afin d'imaginer des améliorations. Il dessine croquis sur croquis qu'il envoie à son bureau de Hobart. Patrice s'inquiète d'une telle hyperactivité.

– Je n'ai pas l'intention d'acheter une flotte entière ! lui dit-il.

Lorsqu'il ne dessine pas, Graeme bavarde. Son accent rend son anglais difficilement compréhensible et limite nos conversations. Malgré tout, il fait preuve d'une bonne humeur permanente.

L'autre personnage qui fait régner une excellente

---

1. Téléphone mobile faisant appel aux satellites géostationnaires.

ambiance dans l'équipe, c'est Vincent. Cet ancien marin a la rigueur et l'esprit carré des militaires. En même temps, c'est un moulin à histoires drôles. Capable d'imiter tous les animaux de la création, en particulier les manchots, il me fait tordre de rire lorsqu'il mime les poussins se préparant à prendre leur premier bain.

Vincent travaille sur le raid depuis plusieurs années. Il est prévu qu'il succède à Patrice.

– Le plus compliqué, m'explique-t-il, c'est la logistique, et, en particulier, la gestion du carburant. Dans la montée, il faut déposer tout au long du trajet les réserves nécessaires à la descente. Il faut anticiper en permanence, de manière à pouvoir résoudre rapidement et sans aide extérieure le moindre problème de machine.

Au bout de neuf jours, nous entamons l'approche finale de Dôme C. Patrice et Alberto ont comploté pour que j'arrive en tête à la base, au volant d'un Kassborher. Non seulement je suis la première femme à monter sur le raid, mais peut-être la seule à savoir manier ce genre d'engin ! Mes compagnons en sont très fiers.

À quelques kilomètres du but, je me mets à la place du conducteur, sous l'œil vigilant de mon professeur italien. En vue de Dôme C, je ne reconnais rien. Les piquets qui protègent les forages et les baraquements m'évoquent un grand labyrinthe. Alberto me guide, et nous pénétrons dans la base en fanfare.

La routine du raid reprend le dessus. Déchargement et conditionnement du matériel pour le retour. Afin d'économiser les patins, les traîneaux vides sont embarqués sur les remorques. Tout en participant aux activités du convoi, je prends le temps de vérifier mes voiles et de préparer le matériel et la nourriture nécessaires à la fin de l'expédition. Le raid me larguera à un endroit difficile, où il y a souvent des tempêtes. Je devrai impérativement aller suffisamment vite pour pouvoir le suivre.

Après avoir sélectionné les vêtements nécessaires, fait sécher mon duvet, vérifié la carte et rentré les nouveaux points dans mon GPS, je suis prête à repartir. Mais une dernière formalité m'attend : le nouveau médecin italien a un appareil tout neuf pour étudier les gelures. Il attend avec impatience de le tester sur moi. Nous passons plusieurs heures ensemble. Il inspecte minutieusement chacun de mes doigts de pied avant de me laisser filer. Si seulement le reste de ma personne pouvait susciter autant de passion que mes orteils...

*29 janvier-3 février 2000*
*Sur le raid*
*– 36 °C à – 42 °C*

Nous attaquons la descente par une belle fin d'après-midi. Désormais, je suis concentrée sur la suite des événements. Depuis Dumont d'Urville, Kjell reprend du poil de la bête, et nous renouons les fils de l'histoire. Il me donne à nouveau des informations sur la météo.

– D'après Hobart, vous devriez avoir aujourd'hui des vents modérés de sud-est et du beau temps.

– Ils ne se sont pas trompés, dis-je.

– J'ai effectué un vol de repérage en hélicoptère avec Pierre David, le chef de la base. Nous avons parcouru une vingtaine de kilomètres. J'ai noté qu'à l'arrivée la trace faisait un virage brutal à 45° et filait plein sud.

– À tous les coups, je vais avoir du vent de face. Ça risque de me poser quelques problèmes avec la voile...

– À l'endroit où la trace bifurque, il y a des crevasses de part et d'autre sur environ cinq kilomètres. Mais la trace elle-même semble sûre. Elle est balisée par des piquets métalliques bleu sombre suffisamment proches les uns des autres pour que, même en cas de mauvais temps, tu puisses toujours te repérer. Le dernier kilomètre est assez raide, avec des zones de glace bleue tout autour. Il ne faudra en aucun cas que tu t'éloignes des balises.

Hier, j'ai préparé un couscous, mais le cœur n'y était plus. L'équipe et moi cherchons à nous donner le change, mais nous avons tous à l'esprit le moment de la séparation.

Une nuit, j'ai des élancements dans le pied droit, qui m'empêchent de dormir. Lorsque Georges m'examine, il découvre une inflammation suspecte autour de la gelure du gros orteil. Il craint que l'os ne soit atteint et trouve extrêmement hasardeux que je poursuive mon expédition. Je ne veux pas débattre de cela et repars en boitillant prendre le volant d'un Kassborher.

La saison d'hiver approche à toute allure et je commence à redécouvrir la nuit. J'avais oublié à quoi elle ressemblait. Depuis près de quatre mois, je vis avec le jour vingt-quatre heures sur vingt-quatre.

Au début, c'est seulement un crépuscule. Puis le gris bleuté devient de plus en plus sombre. Enfin la vraie nuit arrive, criblée d'étoiles, comme si la nature me préparait à reprendre contact avec la civilisation. C'est émouvant et très beau.

Avec la nuit viennent le froid, le vent, les tempêtes. Dans ces conditions difficiles, l'équipe se resserre. L'installation du camp se fait selon la méthode indienne. Les véhicules se mettent en rond. Ce qui est précieux et fragile reste à l'intérieur du cercle, en particulier les antennes que nous devons positionner soigneusement pour pouvoir communiquer avec le reste du monde.

Je donne une série d'interviews. J'ai aussi une discussion amicale avec Gérard Jugie, qui est rentré à Brest. Patrice lui a annoncé que j'étais montée sur le raid, et il tient à m'avoir en ligne pour s'assurer que tout se passe bien. Je lui raconte que je fais la cuisine et que j'apprends la conduite sur glace.

— C'est parfait, Laurence, je n'ai plus qu'à vous inscrire au syndicat des routiers de l'Antarctique !

Je rapporte cette plaisanterie aux uns et aux autres, et cela contribue à détendre l'atmosphère. Nous savons tous que, demain, je chausse les skis, reprends voile et traîneau. La dernière soirée aurait pu être nostalgique, mais, après quelques bonnes bouteilles de vin australien, mes compagnons sont d'humeur facétieuse. Ils me racontent, avec force détails, la vie à bord de l'*Astrolabe*.

— Tu sais qu'Alberto a failli mourir ? C'est pour ça qu'il est resté à Dôme C. Il rentrera directement sur le continent par avion, avec les Italiens.

— Ah bon ?

— Oui, il était tellement malade qu'à la fin il vomissait du sang.

Chacun y va ensuite de son anecdote :

— Une fois, le bateau gîtait tellement que le contenu des toilettes est ressorti par les douches et les lavabos.

Je blêmis.

— Vous n'en rajoutez pas un peu ?

— Oh non, fait Patrice Godon. Moi, c'est simple, je me couche dès que j'ai posé le pied à bord et je me lève une semaine plus tard, à l'arrivée. Ou dix, ou quinze jours, si la traversée se prolonge.

— Parce que ça peut durer quinze jours ?

— Ça peut même durer plus longtemps, si jamais il y a un pépin. Figure-toi qu'une fois une lame a embarqué la passerelle.

— La quoi ?

— L'endroit où se tient le commandant. Tout avait sauté à cause des courts-circuits, et la tempête empêchait les secours de nous atteindre. On a vraiment eu chaud.

— Mais c'est un bateau de quelle taille ?

— Oh, il n'est pas très grand, il peut transporter cinquante personnes au maximum. Le problème, c'est que, pour pouvoir naviguer dans les glaces, il n'a pas de quille, ce qui le rend très instable. Il roule continuellement d'un bord sur l'autre.

– Ça doit être gai, dis-je.

– Oh, on finit par s'y faire ! Un coup de gîte, tu tombes de la couchette, mais le coup de gîte suivant te relance dessus.

Ils sortent le cognac, et ça continue de plus belle, jusqu'au moment où l'un d'eux me lance :

– D'ailleurs, si tu peux l'éviter...

J'avais pensé, bêtement idéaliste : « J'ai pris l'avion jusqu'à Punta Arenas, puis Patriot Hills, puis le pôle Sud, ensuite, j'ai pris mon traîneau, mes skis et ma voile, puis le convoi, enfin le bateau... J'aurai presque fait le tour des moyens de transport... »

Mais l'*Astrolabe*, j'aurais peut-être pu m'en passer !

*6 février 2000*
*66° 40' S – 140° 01' E*
*2776 kilomètres du pôle Sud*
*– 22 °C*

C'est le grand jour. L'estomac noué, j'avale un dernier petit déjeuner dans la cuisine. Je sais déjà que je vais me faire mal. La rupture a été brutale. Pendant un mois et demi, j'ai fait entre huit et dix heures d'exercice quotidien, avec une alimentation adaptée. Sur le raid, je ne dors pas assez et mange n'importe quoi. Le départ va être violent, d'autant plus que je dois progresser au rythme du convoi, sinon plus vite.

Hier soir, Georges m'a dit :

– Laisse-nous le temps de faire des photos !

À quelques mètres des camions, je chausse les skis, attelle le traîneau, prépare une voile. Il fait mauvais, avec beaucoup de vent. Je démarre comme un fauve qu'on libère et en prends plein la figure.

Patrice m'a confié une VHF pour communiquer facilement avec moi. L'émetteur est dans la poche extérieure de ma combinaison. Pendant un moment, c'est silence radio sur le raid. J'ai l'impression qu'ils se sentent un peu coupables d'être dans leurs engins confortables et chauffés, alors que je me bats toute seule avec le vent, la neige, le froid. Sans doute ont-ils le sentiment de m'avoir abandonnée. Je perçois leur désarroi et j'y suis sensible. Mais j'ai ce que j'ai voulu et j'irai jusqu'au bout.

J'avance très vite, sans voir le bout de mes spatules.

– Laurence, si tu m'entends, fait Patrice, passe à droite de la trace, sinon tu risques d'être déportée et de te retrouver trop loin de nous.

Suspendue au wishbone, je tente de franchir la glissière de l'« autoroute de l'Antarctique ». Le monticule est trop haut et, à chaque tentative, une rafale me renvoie du mauvais côté.

Dans la VHF, Georges dit à Patrice :

– Elle essaie de franchir la trace, mais elle n'y arrive pas.

Au moment où je finis par y parvenir, je passe sous le nez de son Challenger. Une bourrasque me rabat et je m'étale à quelques mètres des chenilles. Georges grogne :

– C'est beaucoup trop dangereux, on risque de l'écraser, il faut la laisser partir de l'autre côté !

Je n'en peux plus de les entendre, de ne pas maîtriser la voile, de les sentir dans mon dos. Bruno, l'un des jeunes mécaniciens, a accepté que je lui confie la caméra pour filmer ce qu'il pourrait. Il est à bord d'un Kassborher qui s'évertue à me serrer de près.

Enfin je parviens à m'éloigner d'eux. Le ciel s'obscurcit peu à peu, le vent forcit nettement. J'ai perdu cette familiarité avec les éléments qui me permettait d'en tirer le meilleur. Comme au début de l'expédition, j'ai le sentiment d'être en milieu hostile, d'avoir tout à apprendre. Le problème, c'est que je n'ai pas une minute à perdre. Le raid m'impose sa cadence.

Les heures qui suivent passent comme dans une foire d'empoigne. Même réduite au maximum, la 10 m$^2$ est bien trop puissante. Je décide de m'arrêter pour boire, manger et changer de voile. Je m'installe sous le sac de bivouac. Au moment de ranger le matériel dans le traîneau, il m'échappe des mains. Vu la violence du vent et la visibilité presque nulle, je n'ai aucune chance de le rattraper. Désormais, je ne pourrai plus me mettre à l'abri pendant la journée. Je suis condamnée à progresser sans faire de pause.

Je sors la 4 m². Dans la tempête qui m'environne, cette voile grande comme un mouchoir de poche se gonfle dans un claquement sec et me soulève du sol. La vitesse du vent doit avoir atteint les 100 kilomètres-heure. Je vole sur les sastrugis, et mes genoux encaissent de violents chocs.

Il faut que je tienne Patrice au courant de ma progression. J'affale et, le dos contre le vent, sors la VHF de ma poche. Je tente d'appuyer sur le bouton sans enlever les gants. Mission impossible. Je retire l'un, dis quelques mots et, en attendant la réponse, change de main. Tout à l'heure, j'ai perdu du temps, et le convoi est passé devant moi.

— Patrice, ici Laurence, est-ce que tu me reçois ?

Mon appel est capté par le conducteur qui ferme la marche.

— Ici Patrick, je te reçois trois sur cinq.

— Peux-tu dire à Patrice que le vent est terrible, mais que je progresse ? En revanche, j'ai complètement perdu la trace. Quelle est votre position par rapport au soleil ?

— Nous sommes à 10 ° ouest par rapport à lui. Les conditions sont de plus en plus difficiles, nous ne voyons pas à cinq mètres.

— OK, bonne chance, on continue.

La proximité du convoi m'a donné l'illusion d'être sous protection rapprochée. Je n'ai pas consulté la boussole aussi régulièrement que d'habitude. M'orientant par rapport au vent, je ne me suis pas rendu compte qu'il n'avait cessé de tourner. La distance qui s'est creusée entre nous fait que le raid ne peut plus assurer ma sécurité. Il faut que je me laisse déporter sur la gauche pour retrouver la trace, d'autant que Patrice m'a imposé de dormir chaque soir dans ma « suite impériale ».

Au téléphone, Kjell me décrit longuement la tempête qui s'est abattue sur Dumont d'Urville.

– Ce matin, la vitesse du vent a commencé à augmenter, me raconte-t-il, avec des pointes à plus de 120 kilomètres-heure. Sur le continent, la neige était soufflée au ras du sol, réduisant la visibilité à néant. Je ne sais pas quelles étaient tes conditions météo, mais si tu avais le même temps, cela a dû te poser des problèmes.

– Je m'en suis sortie, mais, comme j'ai perdu le rythme, je suis complètement cassée et j'ai vraiment très froid, même si le raid m'a récupérée pour m'épargner une demi-journée de folie.

– Actuellement, nous avons des vents de 140 kilomètres-heure. À la limite de la côte, la neige s'élève comme un mur sombre. C'est très impressionnant. On dirait le front d'une tempête de sable au Sahara. Tout le monde est dehors, cramponné aux rambardes, bien qu'il soit difficile de sortir, ne fût-ce que pour aller d'un bâtiment à l'autre. Tout à l'heure, nous avons eu un coucher de soleil magnifique, avec toutes les nuances de rouge au-dessus de Cap Prudhomme. Les gens de la base jubilaient devant le spectacle. En ce moment, les bâtiments haubanés sont violemment secoués par les rafales. Le vent balaie la mer si fort que l'air est plein d'écume. Certains icebergs, qui étaient immobiles depuis plusieurs années, commencent à bouger, se balançant d'un bord sur l'autre.

Je me suis demandé comment les manchots empereur, qui passent leur vie entre la glace et l'eau, faisaient face à la tempête. J'ai longuement observé un mâle et une femelle. Pour protéger leur poussin, qui se tenait entre eux, ils se serraient bien fort l'un contre l'autre. Ils levaient et abaissaient leurs ailes en cadence, comme s'ils priaient le dieu de cette terre inhospitalière. Le petit s'efforçait de les imiter et s'exerçait à reproduire leur chant.

– J'aurais aimé voir ça, dis-je.
– Mais, Laurence, tu es presque là !

Dernière ligne droite. Lutter contre les rafales. Avancer coûte que coûte. Glisser entre les sastrugis. Perdre et retrouver la trace. Tomber, se relever, tomber encore et repartir. Plus que quelques kilomètres. Le corps crie grâce, les avant-bras sont tétanisés, les yeux brûlent. Tenir, encore et encore. Et puis, soudain, une éclaircie. Là-bas, au loin, un paysage bosselé. Mais non, ce ne sont pas des montagnes. Ce sont les icebergs. Tout scintille. Une ligne bleue apparaît, s'élargit. C'est la mer.

Une émotion sans limites m'envahit. Je suis là où je devais être. J'exulte.

Pour quelques instants encore, ce bonheur n'appartient qu'à moi. Je m'en imprègne et m'en rassasie.

Cette intimité magique avec l'univers est brusquement rompue par l'apparition bruyante d'un hélicoptère. Il tourne au-dessus de ma tête, inlassablement. Je soupçonne Jean-Gabriel et Éric d'avoir affrété l'engin pour immortaliser les derniers mètres avant l'arrivée. Comme si de rien n'était, je poursuis mon chemin, mais, de temps à autre, ils s'approchent si près que le mouvement de l'air brassé par les rotors ferme ma voile.

Tout à coup, l'appareil disparaît aussi vite qu'il était venu. Le convoi se profile derrière moi. Il va bientôt me rejoindre. Je m'apprête à bifurquer sur la droite en sachant que j'aurai de plus en plus de mal à tenir la voile.

Maintenant, le convoi me talonne. Le vent faiblit, et je perds de la vitesse. Sur la mer bleu marine, je devine des vagues. Et, au pied de la dernière pente, j'aperçois une petite silhouette à skis.

Kjell vient à ma rencontre. Je glisse jusque dans ses bras. Nous nous étreignons.

– C'était un long voyage, dit-il.

*7 février 2000*
*66° 40' S – 140° 01' E*
*Dumont d'Urville*
*– 12 °C*

Après une nuit de transit à Cap Prudhomme, sur la côte, je rejoins en hélicoptère l'île de Dumont d'Urville, qui m'a fait fantasmer pendant des mois. Entre les odeurs, les couleurs, l'agitation et les innombrables coups de fil, je ne sais plus où donner de la tête.

Le chef de la base, Pierre David, m'accueille chaleureusement. L'Antarctique est sa raison de vivre. Il y a passé l'équivalent de douze ans. Il raconte son émotion chaque fois qu'il arrive, d'autant plus forte qu'en repartant il ne sait jamais s'il va revenir.

– La traversée en bateau est très dure, puis c'est l'émerveillement. Les icebergs, les orques, les manchots, les oiseaux, quel spectacle extraordinaire !

Une chambre a été libérée à mon intention dans le bâtiment principal. À peine suis-je installée qu'un défilé commence. Le représentant postal des terres australes, qui s'était vu confier un petit sac à Paris, se présente le premier, une trousse de toilette dans une main, un soutien-gorge et une culotte dans l'autre.

– J'ai dû défaire le paquet, explique-t-il, un peu gêné, ça ne rentrait pas dans mes bagages.

Arrivent ensuite, par l'intermédiaire d'un Alsacien de

la base, des bouteilles de vin, don d'admirateurs inconnus. Puis des tablettes de chocolat, des enveloppes à dédicacer, une pile de livres d'or, un manuel de sagesse indienne... Je tente de reprendre pied dans la civilisation au milieu du va-et-vient, des congratulations, des questions, des séances de photo. Kjell, heureusement, n'est jamais loin. Lui seul parle mon langage. Sa disponibilité et sa compréhension vont m'aider à entrer plus facilement en contact avec les autres.

Nous réussissons à nous échapper pour faire le tour du propriétaire. Kjell me raconte que, pendant la tempête, les vitres des bâtiments étaient blanches comme du lait. Par la fenêtre de sa cahute, il a vu deux jeunes manchots qui couraient derrière leurs parents, réclamant de la nourriture. Les parents avançaient à toute allure. Ils ne pouvaient nourrir deux poussins à la fois.

— C'est presque toujours la même chose, dit-il. L'un des poussins est condamné à disparaître, et à nourrir les skuas ou les pétrels géants. Les zones qui abritent des colonies de manchots sont pleines de cadavres de poussins dépecés. La nature est brutale mais logique.

— J'ai l'impression qu'il y a des milliers de manchots, ici !

— En ce moment, les adélie sont quarante mille. Ils sont plus petits et moins beaux que les empereur, mais beaucoup plus drôles. Tiens, regarde ceux-là !

Nous nous approchons. Les manchots se sauvent. Afin d'aller plus vite, ils se mettent à plat ventre, comme pour faire de la luge, filent à toute vitesse et plongent dans la mer.

— Ces petits bonshommes en smoking peuvent rester vingt-cinq minutes sous l'eau, m'explique Kjell. Ils en ressortent le poil lustré, pleins d'allure. J'ai fait des centaines de photos en t'attendant. Je me suis délecté à passer des soirées entières au milieu d'eux, à les écouter chanter des berceuses à leurs poussins, qui leur répondaient. Ça fait quatre mois que je suis ici, déambulant en Moonboots « triple semelle ». J'ai attendu que le printemps arrive, que la glace fonde, que tu commences ton expédition. Tu étais si loin ! Tout l'Antarctique nous séparait.

Dans ce moment d'intimité, nous ressentons, sans avoir besoin de l'exprimer, la magie de nous retrouver après une traversée qui semblait impossible. Nous continuons notre promenade et parvenons à une zone rocheuse.

– La plus grande partie de l'île est recouverte de glace, raconte Kjell, si bien qu'au milieu des cailloux chaque interstice est occupé par les oiseaux. Regarde, voici le territoire des pétrels des neiges. Ce sont les seuls à faire leurs nids à même la glace. Et là, c'est un pétrel géant. Lorsqu'il est posé, il n'est pas très élégant, mais, en vol, il est magnifique. Il a la grâce d'un albatros.

Nous descendons vers un petit fjord. Je découvre avec attendrissement deux gigantesques limaces paresseusement alanguies sur la glace flottante. Nous nous approchons du couple d'éléphants de mer. Ils lèvent vers nous des museaux ronds et moustachus, et nous considèrent avec leurs yeux de gros chiens tendres. Puis l'un d'eux se laisse voluptueusement glisser dans l'eau, passe sous un morceau de banquise, ressort de l'autre côté et pose, nonchalant, la tête sur la glace. J'ai l'impression d'être au paradis.

L'heure est aux festivités. Nous revenons vers les baraquements. Le Tout-Dumont d'Urville est réuni dans la salle à manger, quatre-vingts personnes environ. Je prends place, la sono est à fond, roulement de tambour, une délégation vient solennellement vers moi, portant une curieuse sculpture métallique faite main. L'œuvre symbolise le vent, ce vent redoutable et miraculeux, qui fait que je suis ici aujourd'hui. Ils ont tout compris.

Un peu plus tard, Kjell prend la parole.

– Comme j'ai eu le privilège d'assister à l'arrivée de Laurence, je voudrais vous la raconter. Depuis l'hélicoptère, la première chose que j'aie reconnue, c'était la voile. Nous nous sommes posés à quelques kilomètres et elle nous a dépassés à une vitesse soutenue. Nous avons redécollé pour la filmer sous tous les angles. C'était magnifique de la voir glisser sur la glace, avec la mer en arrière-plan. Mais le plus étonnant, c'était l'immensité blanche qui s'étendait derrière elle, cet interminable chemin qui la reliait, de l'autre côté du continent, à l'océan. En regardant par le hublot, je me remémorais l'expédition d'il y a trois ans. J'ai ajouté celle-ci. Ça me semblait énorme, mais, dans son sillage, il y avait la fine trace des skis qui faisait le lien. Un peu plus tard dans l'après-midi, nous nous sommes retrouvés pour skier ensemble jusqu'à la côte. Elle était rentrée à la maison. Cette traversée est une nouvelle étape dans l'exploration de l'Antarctique. Ce qu'a fait Laurence dépasse l'imagination. Je suis fier d'avoir vécu cette expédition et je crois que tout le monde ici peut en être fier, parce que c'est un vrai succès collectif.

Mon séjour à Dumont d'Urville est de courte durée. L'*Astrolabe* doit reprendre la mer le 11 février. Il est mouillé à moins de deux cents mètres des baraquements. Le chargement a déjà débuté. Je l'observe de loin, mais avec beaucoup d'attention, en essayant d'imaginer ce qui m'attend. Mon expérience nautique, qui remonte à une trentaine d'années, se limite à quelques croisières en Méditerranée sur le paquebot *France*.

Avant d'embarquer, je vais de discussion en discussion et de gueuleton en gueuleton. J'essaie de recouvrer les forces qui me permettront de tenir une semaine en mer.

Une nuit, le téléphone sonne. Réveillée en sursaut, je me demande ce qui se passe. J'entends la voix de Bruno, le cuisinier de la base, et le rire de Jean-Gabriel.

— Allô, Laurence ? On a préparé un filet de bœuf rôti et des pommes de terre sautées à l'ail. C'est prêt, tu peux venir ?

— Vous savez l'heure qu'il est ?

— Écoute, on t'a attendue quatre mois, on aimerait beaucoup que tu nous rejoignes.

Il est 3 heures du matin, et je meurs d'envie de me rendormir. Mais je leur dois bien ça. Je joue le jeu :

— D'accord, j'arrive.

Je m'habille, traverse le camp silencieux, ouvre la porte de la salle à manger. Au milieu de la pièce vide trône une table éclairée aux chandelles. Il y a de quoi nourrir et abreuver un régiment, et nous sommes sept. Ce souper est un joli moment d'amitié.

Le lendemain, les rotations entre la base et le pont de l'*Astrolabe* commencent. Les adieux sont sobres et brefs. J'embarque avec mes trois complices, Kjell, Jean-Gabriel et Éric. Le bateau lève rapidement l'ancre. Au loin, les silhouettes des nouveaux hivernants se détachent sur la glace. Une colonie de manchots plonge du bord de la falaise. Nous avons pris la mer.

*10 février 2000*
*À bord de l'Astrolabe*

Encore quelques minutes de contemplation, accoudée au garde-corps du bateau...

Lorsque le continent antarctique disparaît de ma vue, je sais que l'histoire est achevée.

Au fil de la traversée, je m'éloigne de la glace, du vent, du froid qui m'ont accompagnée pendant trois mois pour entamer un voyage intérieur.

Comme je n'ai plus à me battre, je me laisse envahir par des sensations, des émotions, des sentiments.

Ce voyage était une quête qui m'a apporté la sérénité à laquelle j'aspirais.

Lorsque nous arrivons à Hobart, après six jours de mer, je n'éprouve plus la nostalgie de ce que j'ai vécu.

Les bruits des klaxons, les terrasses des cafés sur le port, une odeur de fraise, le rose d'un hortensia... Me voici sur terre.

ANNEXES

# 1. LA GÉOGRAPHIE

Détaché du supercontinent appelé Gondwana il y a près de soixante-dix millions d'années, l'Antarctique marque l'emplacement de l'axe imaginaire autour duquel tourne la Terre. Entièrement entouré par l'océan Austral qui couvre 20 % des mers et océans, avec 75 millions de kilomètres carrés, c'est la plus grande réserve d'eau douce au monde (90 % des réserves mondiales). Ce continent de 13 millions de kilomètres carrés est recouvert par 20 à 25 millions de kilomètres carrés de banquise en hiver, appelée Inlandsis ou calotte glaciaire polaire, épaisse en moyenne de 2 500 mètres de glace.

L'Antarctique se présente en deux parties.

La partie orientale, située du côté australien, est une zone très difficile à atteindre et encore largement inexplorée à ce jour. Véritable cœur de la calotte glaciaire polaire, ce grand plateau en forme de dôme couvre environ 10 millions de kilomètres carrés. On y place le « pôle d'inaccessibilité » vers 81 ° sud et 73 ° est. La glace peut y atteindre une épaisseur record de 4 800 mètres.

La partie occidentale, appelée aujourd'hui péninsule Antarctique, apparaît comme le prolongement de la cordillère des Andes. Moins étendue, elle ne représente que le cinquième de la surface totale.

Ces deux volumes sont séparés par la chaîne des monts Transantarctiques, longue de 4 000 kilomètres, qui s'élève sur plusieurs milliers de mètres et culmine au mont Vinson à 5 140 mètres. Elle trace un grand trait sombre de la mer de Ross à la mer de Weddell. C'est l'une des chaînes montagneuses les plus élevées et les plus méconnues du globe.

Mille kilomètres séparent l'Antarctique de l'Amérique du Sud, 2 500 de l'Australie et 4 000 de l'Afrique du Sud.

## 2. LE CLIMAT

L'altitude, le faible ensoleillement et le pouvoir réfléchissant de la glace font de l'Antarctique le continent le plus froid au monde. À l'intérieur de l'Inlandsis, les températures sont très basses. Elles peuvent atteindre – 60 °C en hiver ; un record mondial de – 89,6 °C a même été enregistré à la station Vostok.

Il neige peu en Antarctique (moins de 5 centimètres par an) et l'on peut dire que l'Inlandsis est un véritable désert. La vitesse moyenne du vent est relativement modérée dans les régions centrales (10 à 20 kilomètres-heure) et plus élevée sur les côtes (30 à 70 kilomètres-heure). Là, les vents peuvent souffler en tempête : à la base Dumont d'Urville, les anémomètres ont enregistré la vitesse record de 320 kilomètres-heure.

Les vents catabatiques (air froid proche de la surface et descendant par gravité de la calotte glacée vers les côtes) ainsi que le blizzard accentuent les très basses températures (à 80 kilomètres-heure, une température de – 30 °C équivaut à – 68 °C).

## 3. LA FAUNE ET LA FLORE

L'Inlandsis est un véritable désert de vie. Ni faune ni flore ne peuvent vivre dans ce climat d'une dureté extrême.

Seule la zone côtière héberge quelques invertébrés terrestres et des plantes, surtout pendant l'été. À cette époque de l'année, nombre d'oiseaux, de phoques et jusqu'à 25 millions de manchots peuplent les côtes non couvertes de glace (2 % du continent). Les eaux australes nourrissent en étoiles de mer, oursins, algues, invertébrés microscopiques, planctons et krills (près de 500 millions de tonnes), deux cents espèces de poissons, baleines, phoques, manchots et autres oiseaux migrateurs.

## 4. LE TRAITÉ DE L'ANTARCTIQUE

L'intérêt scientifique des régions polaires a été très tôt un moteur de coopération internationale, faisant céder le pas aux rivalités territoriales des nations. Grâce à cette volonté scientifique et politique, l'Antarctique est aujourd'hui protégé par le traité de l'Antarctique, système juridique très complet qui en fait une terre consacrée à la paix et à la science.

Mis en place par un ensemble de douze États désireux de poursuivre une recherche de qualité sur un terrain d'études exceptionnel, le traité de l'Antarctique est signé le 1er décembre 1959. Il gèle les revendications territoriales sur toutes les terres et mers situées au sud du soixantième parallèle sud. Il consacre le continent et les eaux environnantes à la recherche et à la coopération, et interdit le stockage des déchets radioactifs.

Le 4 octobre 1991, le traité de l'Antarctique est reconduit jusqu'en 2041 et complété par un protocole relatif à la protection de l'environnement, baptisé le protocole de Madrid. De douze nations à l'origine (Afrique du Sud, Argentine, Australie, Belgique, Chili, États-Unis, France, Japon, Norvège, Nouvelle-Zélande, Royaume-Uni, Russie), le nombre de pays signataires est passé à quarante-deux en 1998.

## 5. LE TERRITOIRE DES TERRES AUSTRALES ET ANTARCTIQUES FRANÇAISES

Rattachées depuis 1924 au gouvernement général de Madagascar, les TAAF deviennent un territoire d'outre-mer doté de l'autonomie administrative et financière par la loi du 6 août 1955. Ce TOM est formé par les îles Saint-Paul et Amsterdam, l'archipel Crozet et la terre Adélie.

S'il accueille en permanence environ deux cents personnes qui y séjournent de six mois à un an, il ne dispose d'aucune population autochtone. Il n'a donc ni électeurs, ni élus, ni assemblée territoriale, ni gouvernement territorial, mais est placé sous l'autorité d'un administrateur supérieur, qui est à la fois le représentant de l'État et l'exécutif de la collectivité territoriale.

C'est l'unique territoire d'outre-mer qui n'est desservi que par la mer : avec le *Marion-Dufresne II*, au départ de la Réunion vers les trois districts austraux, et avec l'*Astrolabe*, depuis Hobart, en Australie, vers le district antarctique de terre Adélie.

## 6. L'INSTITUT FRANÇAIS POUR LA RECHERCHE ET LA TECHNOLOGIE POLAIRES

Plus communément appelé Institut polaire, l'IFRTP a été créé en 1992 par le regroupement des Expéditions polaires françaises, fondées par Paul-Émile Victor, et de la Mission de recherche des terres Australes et Antarctiques françaises.

Il s'agit d'un regroupement d'intérêt public dont le rôle est d'offrir un cadre juridique ainsi que des moyens humains, techniques et logistiques adaptés au développement de la recherche polaire et subpolaire française.

Sa mission comporte deux axes principaux :

– La mise à disposition de moyens logistiques et d'infrastructures d'accueil pour les programmes scientifiques en régions polaire et subpolaire ainsi que sur le *Marion-Dufresne*, navire ravitailleur des terres Australes et Antarctiques françaises.

– l'organisation et la mise en œuvre d'expéditions dans les régions concernées : Arctique, Antarctique, îles australes françaises de Crozet, Kerguelen et Amsterdam ainsi que sur le *Marion-Dufresne*.

La recherche française en Antarctique n'est pas limitée géographiquement à Dumont d'Urville. L'Institut polaire intervient également dans les programmes scientifiques qui se déroulent ailleurs sur le continent, généralement dans le cadre de collaborations internationales comme les programmes du grand forage glaciaire à Vostok et Épica à Concordia.


## 7. DUMONT D'URVILLE


Seule implantation française permanente sur le continent antarctique, la base de Dumont d'Urville est située dans le district de terre Adélie, sur l'île des Pétrels. Créée par les Expéditions polaires françaises, elle s'est développée à partir de 1956 avec la participation française à l'Année géophysique internationale. Depuis cette date, des équipes scientifiques n'ont cessé de s'y relayer.

Située au pied du glacier de l'Astrolabe, l'île des Pétrels est constituée de rochers d'aspect chaotique avec quelques zones de permafrost [1]. Elle fait 900 mètres dans sa plus grande longueur et 550 mètres dans sa plus grande largeur. La moitié de sa surface est recouverte de glace.

Dumont d'Urville tient à la fois du village isolé de par son étendue et de la plate-forme pétrolière de par son autonomie. La station n'est accessible que trois mois dans l'année par voie maritime et cinq au maximum par voie aérienne.

La base, qui peut accueillir trente-cinq personnes en hiver et soixante-quatorze en été, compte une cinquantaine de bâtiments totalisant 5 500 mètres carrés : logements, salles communes, centrale électrique, locaux scientifiques, ateliers... Les abris sont équipés d'instruments reliés par câble aux laboratoires. Ces installations sont bien sûr adaptées aux conditions climatiques locales : températures variant de 0 °C à − 40 °C, blizzard, longues nuits polaires, vents pouvant dépasser les 300 kilomètres-heure.

Les programmes scientifiques mis en œuvre à Dumont d'Urville relèvent, d'une part, d'observations permanentes – géophysique externe, géophysique interne, biologie animale et biologie humaine – , d'autre part d'observations non permanentes – collecte de micrométéorites, étude des vents catabatiques, glaciochimie, glaciologie, microbiologie marine, et étude de la glace de mer.

---

1. Sol perpétuellement gelé, que l'on rencontre essentiellement dans les régions arctiques et antarctiques.

# 8. CONCORDIA

Il est difficile de se déplacer à l'intérieur du continent antarctique et, plus encore, de s'y implanter durablement. De toutes les stations continentales construites, seules subsistent, au début du troisième millénaire, Amundsen-Scott et Vostok.

En 1982, l'unanimité s'est faite au sein de la communauté scientifique polaire française pour recommander l'implantation d'une nouvelle base continentale. Cette station doit permettre de contribuer aux recherches internationales dans les domaines de la physico-chimie de l'atmosphère, de la climatologie, de la paléoclimatologie, de l'astronomie et de la géophysique.

De tous les sites envisagés, le choix s'est arrêté sur la région de Dôme C, déjà retenue par les glaciologues pour leur carottage de 900 mètres en 1978. Situé sur le haut plateau, à 3 225 mètres d'altitude, ce lieu répond à la majorité des critères scientifiques – épaisseur de la glace, faiblesse des précipitations, pureté de l'atmosphère, durée d'ensoleillement continu. En outre, il est quasiment horizontal, sans crevasses, et la neige accumulée chaque année se transforme lentement en un névé compact. Jusqu'à une profondeur de plus de 4 000 mètres, le sol est constitué uniquement de glace.

Monter des systèmes de mesures sur le site, évaluer les expériences qui y seront développées, réaliser les premiers prélèvements glaciologiques demandent du temps. L'exploitation scientifique a débuté en 1993, en même temps que les premiers travaux de réalisation de la station d'hivernage. Au début de l'an 2000, les installations comprenaient un camp d'été pouvant loger quarante-cinq personnes, composé à la fois de bâtiments en dur, de tentes et de laboratoires en éléments préfabriqués.

215

La nouvelle station va consister en trois bâtiments. Deux d'entre eux sont de forme polygonale – 18 côtés, 17 mètres de diamètre, 3 étages –, érigés sur pilotis relevables afin d'éviter la formation de congères. Le troisième, la centrale électrique, est composé d'unités préfabriquées posées sur deux skis de 20 mètres de long. Il est prévu de la déplacer régulièrement afin de réduire les congères avec un engin de type bulldozer, puis de la remettre à son emplacement, une fois le nivelage terminé. Les trois édifices sont reliés par deux tunnels d'une dizaine de mètres. Cela permet de séparer les activités calmes des activités bruyantes, et aussi de séparer les activités à risque d'incendie des locaux où dort le personnel.

Afin de respecter au maximum l'environnement de Dôme C, vierge de toute pollution, carburants et huiles utilisés seront exclusivement sans métaux lourds ni composés soufrés. Les eaux usées seront retraitées. Les boues et les déchets seront stockés, en attente de rapatriement.

Concordia devrait être opérationnelle en 2003. Les ministères de tutelle, qui en ont fait un projet franco-italien en 1993, souhaitent approfondir plus avant la coopération dans le domaine scientifique. Ils s'efforcent donc d'élargir encore l'internationalisation de la station.

# 9. LE RAID

Comme les Expéditions polaires françaises de Paul-Émile Victor, auxquelles il a succédé, l'Institut français pour la recherche et la technologie polaires a acquis une réputation d'excellence dans l'organisation de raids d'exploration du Groenland, puis, plus tard, de l'Antarctique.

Dans le cas de l'installation de Concordia, les raids sont la dernière opération d'une chaîne de transport partant d'Europe. Le premier convoi a quitté Dumont d'Urville, à destination de Dôme C, à la fin de l'année 1993. De l'organisation d'un seul raid annuel au début du projet de station continentale, l'IFRTP est maintenant passé à trois au cours de l'été austral. Ce gain est l'aboutissement d'un long travail d'engineering et de gestion, où tous les postes techniques ont été analysés et étudiés. À la différence des expéditions à caractère scientifique, les raids doivent répondre à des critères qualitatifs précis, propres à tout système de transport, notamment le respect du calendrier et la capacité de faire face aux imprévus.

Dans le petit monde des opérateurs en Antarctique, l'IFRTP était le seul, en l'an 2000, à organiser régulièrement des convois lourds sur une telle distance – 1 112 kilomètres. Cette compétence lui confère une autorité au plan international, et ses confrères étrangers, notamment ceux desservant leurs stations continentales par avion, le consultent régulièrement.

Les équipements composant les convois se répartissent en trois catégories : les engins de nivellement, qui ouvrent et préparent la route ; les engins tracteurs, issus du monde agricole et modifiés pour s'adapter à l'environnement antarctique, et les engins remorqués. Parmi ces derniers, il faut distinguer les éléments servant à la vie collective et au fonctionnement du convoi – caravanes, magasins – des éléments portant le fret.

Un raid type comporte deux engins niveleurs, sept tracteurs, trois caravanes et vingt-quatre unités de chargement. Sa vitesse moyenne est de 11 kilomètres-heure en charge et de 14 kilomètres-heure au retour. Le trajet entre Dumont d'Urville et Dôme C s'effectue normalement en onze jours, et le retour vers la côte dure environ neuf jours. Il faut compter cinq jours pour préparer le convoi au départ et deux jours pour décharger tout le matériel sur le site de Dôme C.

Le personnel du raid comprend des mécaniciens issus du monde des travaux publics, des spécialistes du nivelage en montagne, un médecin et un radio-opérateur. Il arrive que le convoi embarque un technicien scientifique en charge d'une mesure ponctuelle.

## 10. L'ASTROLABE

Construit en 1986, ce navire était, à l'origine, destiné au soutien des plates-formes pétrolières du Grand Nord canadien. Une chute des cours du pétrole ayant freiné l'exploitation off-shore, l'*Astrolabe* est resté à quai, comme nombre de navires de la même catégorie.

Sous l'impulsion du ministère de la Recherche et de l'Administration des terres australes, une compagnie maritime française a acquis le navire et l'a transformé pour sa nouvelle mission : la desserte de la station Dumont d'Urville et du continent antarctique. L'*Astrolabe* parcourt ainsi, d'octobre à mars, la route Hobart-Dumont d'Urville, au rythme de cinq rotations annuelles.

Ce bateau n'est pas un brise-glace, mais un navire polaire. Sa coque est apte à résister à la pression des glaces en forma-tion ou en mouvement, mais il n'a pas la puissance suffisante pour traverser en continu des plaques de banquise d'une épais-seur supérieure à 50 centimètres.

Long de 67 mètres, large de 13 mètres, aménagé pour accueillir cinquante passagers, l'*Astrolabe* a une vitesse de croi-sière de 11 nœuds, ce qui représente environ 21 kilomètres-heure. Il lui faut en moyenne cinq jours et demi pour parcourir les 2 700 kilomètres qui séparent la Tasmanie de la côte de terre Adélie. La première rotation, qui s'effectue en octobre, est quelquefois plus longue, selon la qualité et la quantité de glace rencontrée. Il est arrivé à plusieurs reprises que le parcours prenne trois semaines.

Navire technique, l'*Astrolabe* n'a pas été conçu pour transporter des passagers non amarinés. Sa coque ronde, qui lui permet d'échapper à l'emprise des glaces, le rend très inconfortable par mauvais temps. D'ailleurs, la fréquentation des repas constitue un excellent indice de l'état de la mer...

# 11. QUELQUES GRANDES DATES DE L'HISTOIRE DES EXPÉDITIONS

Les Grecs furent les premiers à supposer qu'il existait une grande masse terrestre australe équilibrant le monde connu de l'hémisphère Nord. Considérée comme blasphématoire pendant plus d'un millénaire en Europe mais soutenue par des savants de l'Espagne musulmane, cette idée réapparaît au XV$^e$ siècle.

En 1504, la découverte par le sieur de Gonneville des terres brésiliennes, confondues avec la « Terra Australis », abusera deux siècles durant rois et navigateurs.

C'est avec le siècle des Lumières que les grandes expéditions au départ d'Europe reprennent :

1738 – Les explorateurs français Bouvet de Lozier puis Kerguelen et Dufresne en 1772 abordent les îles subantarctiques qui marquent l'extrémité du continent austral.

1772 – James Cook passe lui aussi le cercle polaire, mais, ne rencontrant que de la glace, il en conclut que le continent se situe au-delà de la banquise. Son expédition constitue néanmoins l'une des navigations les plus importantes en océan Antarctique.

1820-1840 – Des missions nationales russes, anglaises et françaises sont chargées de percer les secrets de la banquise.

1840 – Jules Dumont d'Urville est le premier Français à débarquer sur le continent antarctique. Capitaine des bateaux l'*Astrolabe* et la *Zélée*, il baptise l'endroit « Terre Adélie », du prénom de sa femme, tandis que Ross découvre la terre Victoria et la mer qui porte son nom.

1898 – Gerlache, et le jeune Norvégien Roald Amundsen qui l'accompagne sont les premiers hommes à passer l'hiver au pôle Sud.

1901-1904 – Première expédition de Scott et de Shackleton en Antarctique.

14 décembre 1911 – Amundsen plante le drapeau norvégien sur l'axe imaginaire de rotation de la Terre, après deux mois de progression dans des conditions périlleuses. Il précède Robert Falcon Scott, qui meurt avant d'atteindre le pôle Sud.

1928 – Byrd hiverne à Little America et survole le pôle.

1935 – Ellsworth réalise le premier vol transantarctique.

1946 – Opération « HighJump » de cartographie aérienne du continent.

1947 – Création des Expéditions polaires françaises, « Missions Paul-Émile Victor ».

L'exploration antarctique connaît un nouvel essor dans les années 50, grâce à des programmes scientifiques d'envergure qui sont à l'origine de l'installation des bases permanentes.

1949-1952 – Les Français hivernent en terre Adélie.

1956-1958 – Création du Comité scientifique pour la recherche antarctique et année géophysique internationale.

1959 – Signature du traité de l'Antarctique.

1964 – Protection de la faune et de la flore.

1966 – Premières images du pourtour du continent obtenues par le satellite Tiros.

1967 – Premier tir de fusées pour l'exploration de l'atmosphère.

1978 – Décret sur la protection des phoques.

1982 – Création du Comité pour la conservation des ressources vivantes : moratoire sur la chasse aux baleines.

1985 – Liaison entre la France et la terre Adélie par satellite.

1989-1990 – Raid transantarctique international avec Jean-Louis Étienne.

1991 – Signature du protocole de Madrid.

1997 – Borge Ousland devient le premier homme au monde à traverser l'Antarctique en solitaire. La même année, Laurence de la Ferrière est la première Française à atteindre le pôle Sud en solitaire.

2000 – Laurence de la Ferrière devient la première femme au monde à avoir traversé l'Antarctique d'une côte à l'autre.

## 12. LA COMMUNICATION, LA NAVIGATION, LES ÉQUIPEMENTS ET LE QUOTIDIEN

### La communication

*Le téléphone satellite Iridium* est une petite unité qui tient dans la main ; il ne nécessite pas une grande quantité d'énergie. Des piles au lithium permettent de le recharger par le biais d'un branchement de type « allume-cigare ».

*La balise Argos* est un appareil qui émet des signaux à intervalles fixes par l'intermédiaire des satellites et transmet régulièrement la position géographique au centre Argos basé à Toulouse. Un interrupteur spécial permet d'envoyer un signal de détresse. Dans ce cas, les secours sont immédiatement organisés.

### La navigation

Sur le plateau antarctique, il est possible de voyager pendant des semaines avec pour seuls points de repère le soleil et la ligne d'horizon. Dans le whiteout ou dans le mauvais temps, *la boussole* est, avec le GPS, le seul moyen de s'orienter.

*Le système de positionnement global* (GPS) se fonde sur l'utilisation des satellites. Les informations transmises permettent de localiser avec précision la position géographique (latitude et longitude), à quelques dizaines de mètres près. Par des températures extrêmement basses, il est indispensable de le porter contre le corps, ou de réchauffer les batteries, avant de l'allumer et de s'en servir.

Toute l'énergie de l'équipement électronique provient des *batteries au lithium.* Elles sont dépendantes du froid. Plus les températures sont basses, plus leur production d'énergie est faible. À – 10 °C, une batterie classique voit sa capacité réduite de moitié. Par – 45 °C, il faut impérativement réchauffer les batteries avant même d'imaginer pouvoir les utiliser.

## Les équipements

### *Le traîneau*

Il a été spécialement conçu en kevlar et carbone. Aérodynamique et performant, il sait tasser, damer la neige et fendre le vent. Il mesure 225 cm de long et pèse, à vide, 6,5 kg. Sa forme est conçue pour faciliter la traction et éviter qu'il ne se renverse en cas d'obstacles. Il ressemble aux bateaux norvégiens de longue distance : ses bords sont arrondis avec un avant surélevé qui lui permet de ne pas buter contre la neige ou la glace. Il est suffisamment souple pour accompagner les mouvements et ne pas casser en cas de choc.

Les patins situés sous le traîneau sont en matière dense, équivalente à celle des semelles des skis. La largeur des patins est conçue de façon à laisser la même trace que celle des skis. L'effort est ainsi considérablement diminué, en particulier dans le cas de neige profonde.

Le traîneau est recouvert d'une bâche en polyester ultraléger qui l'enveloppe dans sa totalité, ce qui évite que la neige n'y pénètre. Une poignée est attachée à l'avant comme à l'arrière pour permettre les manœuvres. Cinq sangles fixées sur le dessus de la bâche assurent la bonne tenue du matériel à l'intérieur du traîneau.

Le traîneau est tiré par deux barres en titane, d'un diamètre de 19 mm, longues de 3 m et reliées au harnais, au niveau des hanches, par l'intermédiaire de boucles élastiques. Cela permet d'adoucir l'impact des mouvements du traîneau sur le corps.

## Autres équipements

Les mousquetons : il y en a plusieurs et de tailles différentes. Ils sont employés dans de nombreuses manœuvres, en particulier lorsqu'il faut être capable de fixer et de défaire rapidement une fixation. Par exemple de très petits mousquetons réduiront ou augmenteront la surface d'une voile au gré du vent.

Les broches à glace : tubulaires, en acier inoxydable de haute qualité, elles se vissent et se dévissent à la main dans la plus dure des glaces. Elles peuvent servir à fixer la tente dans la glace, ou d'assurance dans une crevasse.

Le piolet : son manche est court et sa tête composée d'une lame et d'un marteau.

Les crampons : attachés aux chaussures par fixation, ils sont en aluminium.

Les cordes : elles sont de type « statique » pour faciliter la traction.

## Les skis

Deux paires de skis de type nordique équipés de carres métalliques. Ils sont conçus pour un terrain plat et peu escarpé, mais assez solides et rigides pour permettre l'utilisation de la voile. Ils ont une largeur de 62 mm à l'avant, 52 mm au milieu et 57 mm à l'arrière. Le poids d'une paire sans les fixations est de 1,8 kg. Les deux paires sont équipées des mêmes fixations. Une paire avec des peaux de phoque sur la semelle permet de tracter le traîneau, l'autre paire, semelles à nu, de glisser avec les voiles.

## Les voiles

Il existe plusieurs sortes de voiles. Mais elles résultent toutes d'un travail artisanal et sont améliorées sans cesse sur le terrain en fonction de la force du vent, de sa direction, de la surface de la neige, du poids à tracter, etc. La toile peut comporter des caissons ou être de simple épaisseur. Le choix se fait selon ce que l'on décide de privilégier, le poids de la voile ou sa capacité de tenir dans le vent. Pour déployer la voile, il faut l'étaler sur le sol, le bord d'attaque sur le dessus, les suspentes déroulées jusqu'au wishbone. Pour démarrer, il suffit de lever le bord d'attaque de la toile dans le vent avec l'aide du wishbone. On peut ainsi l'orienter par rapport à la direction à suivre et l'affaler en tirant les arrières pour s'arrêter.

Les types de voiles retenues pour l'expédition :

| | | |
|---|---|---|
| – 2 m² | simple toile | voile tempête |
| – 4 m² | caissons | voile tempête |
| – 6,7 m² | 1/4 caissons | pour vents arrière |
| – 10 m² | profil plein | navigable à plus de 90 ° dans le vent, utilisation générale |
| – 20 m² | 1/4 caissons | utilisation générale |
| – 24 m² | simple toile | pour vent très faible. |

## Les vêtements

– Une série de sous-vêtements norvégiens en laine non dégraissée. Finement tricotée, la laine est portée sous forme de chemises ou de caleçons longs. C'est la meilleure protection contre le froid. La laine contient aussi une petite quantité de soufre pour prévenir le développement de bactéries.

– Une combinaison en goretex dont l'objectif est de couper le vent.

– Une combinaison en duvet : pour le grand froid et en particulier lors de l'utilisation de la voile. Elle pèse 1,680 kg.

– Des chaussons en laine épaisse : portés par-dessus les chaussettes en fibres synthétiques, ils sont confortables, sans couture et extrêmement chauds.

– Des moufles de laine : même mouillée, la laine emprisonne l'air à l'intérieur des fibres et conserve la chaleur. Les moufles sont recouvertes par d'autres paires en goretex et en duvet. Le problème est de garder les mains au chaud pendant le maniement de la voile, car la tenue du wishbone expose particulièrement les mains au froid.

– Des gants de laine : très pratiques pour les travaux délicats à l'extérieur comme à l'intérieur. On les enfile sur des gants en fourrure polaire.

– Des cagoules : un grand pourcentage de la chaleur du corps s'échappe par la tête. Pour une telle expédition, plusieurs passe-montagnes sont indispensables. Les plus proches de la tête sont en laine, les autres en fourrure polaire.

– Des masques : ils préservent les yeux du vent et se prolongent devant le nez et la bouche par un morceau de fourrure polaire. La ventilation doit être parfaite pour éviter que l'humidité ne gèle dans le masque et ne gêne la visibilité.

## Le quotidien

### La tente

Pendant l'expédition, la tente est le seul endroit où se mettre à l'abri et effectuer toutes les tâches quotidiennes obligatoires (repas, réparation, communications, repos, etc.). La toile de tente, extrêmement fine et légère, est assez solide pour résister à des vents violents et créer un espace de confort relatif, mais suffisant. Le tente a été conçue pour être montée rapidement quelles que soient les conditions. Elle doit être ensuite protégée par un mur de neige construit à l'arrière contre le vent, puis fixée solidement au sol par les skis, le piolet, la broche et le carottier. C'est toujours un moment délicat auquel il faut apporter la plus grande attention.

La tente est un prototype réalisé par la société italienne Ferrino, avec de nombreuses modifications, en particulier l'ajout d'une abside afin d'avoir un espace assez vaste pour être capable de cuisiner à l'extérieur de la tente intérieure.

## Le matelas

Pour se prémunir du froid glacial venant du sol, deux épais matelas isolants de type Karrimat à cellules fermées sont nécessaires.

## Le sac de couchage

Si l'Antarctique est la plus grande réserve d'eau douce du monde, c'est également l'un des lieux les plus secs du globe. Lorsque le soleil brille, à l'intérieur de la tente, même l'humidité de la respiration est absorbée par l'air sec. Conçu par Valandré, le sac de couchage se compose de compartiments remplis de duvet de très grande qualité. Il pèse environ 2 kg et permet de résister à des températures de − 40 °C.

## Les bouteilles de carburant

Six bouteilles en aluminium d'un litre et demi contiennent l'ensemble du carburant (type essence C). Elles sont stockées en position droite au milieu du traîneau, isolées par une fine couche de mousse posée au bas des bouteilles pour éviter qu'elles ne s'usent par le frottement contre le kevlar. Le carburant permet de faire fonctionner le réchaud et donc de préparer les boissons et le repas du soir.

## La vaisselle

La gamelle utilisée sur le réchaud est constituée d'une double paroi en aluminium. Le principe de la double épaisseur permet d'optimiser et de conserver au maximum la chaleur du réchaud autour de la gamelle pendant la cuisson. Les tasses sont en plastique double et gardent les liquides au chaud. Deux cuillères en titane pesant chacune 14 g et un leatherman (multi-outils + couteau) complètent ce service de table.

## L'alimentation

Les repas ont été cuisinés, puis lyophilisés afin de réduire le poids en déshydratant les aliments. Pour satisfaire aux besoins vitaux de l'organisme, la nourriture doit répondre à plusieurs exigences : un niveau calorifique suffisant (6 000 à 7 000 kcal) et une répartition adéquate des glucides, protides, lipides (60 %), vitamines et sels minéraux.

Une consommation de 4 litres d'eau par jour (neige fondue) est indispensable pour les efforts à fournir et pour la récupération.

# REMERCIEMENTS

Je tiens à remercier tout particulièrement :

L'Institut polaire, Gérard Jugie, Patrice Godon, Pierre David et Jean-Claude Laval pour la logistique et le soutien permanent qu'ils m'ont apporté sur le terrain ;

L'ensemble de la mission à Dumont d'Urville, à Dôme C et les participants du raid ;

Mon sponsor principal, Go Sport, le conseil général de Haute-Savoie et l'ATMB sans lesquels cette expédition n'aurait pu exister ;

Le CNRS, l'INSERM, le CHU de Montpellier, le ministère des Affaires étrangères et le ministère de la Recherche, les Terres australes et antarctique françaises ;

Borge Ousland, Maurice et Colette Rossband.

Ainsi que les personnes suivantes :

Robert Augier, Matthieu Augustin, Solène Billot, Béatrice Braun, Catherine Dantan, Jean-Marc Dardalou, Brigitte Girardin, Bertrand Jenny, Jean Jouzel, Nicole Lattès, Jean-Gabriel Leynaud, Claude Lorius, Michel Maurette, Eric Ménard, Stéphane Millière, Martial Moïol, Jean-Robert Petit ;

Et aussi Air France, Argos CLS, AXA, CEP Euro Éditions, Club Med, Devold, Elle, Ferrino, France Inter, Ioos Johansen, Lancôme, Madschus, Millet, Patagonia, la parfumerie Piot à Chamonix, Rolex, Salomon, Sunset, Sygma, TMI Orion, Uvex, Valandré.

*Cet ouvrage a été réalisé par la*
*SOCIÉTÉ NOUVELLE FIRMIN-DIDOT*
*Mesnil-sur-l'Estrée*
*pour le compte des Éditions Robert Laffont*
*24, avenue Marceau, 75008 Paris*
*en septembre 2000*

*Imprimé en France*
Dépôt légal : septembre 2000
N° d'édition : 40616/01 – N° d'impression : 51758